서울대 한국어

Student's Book 1A

서울대학교 언어교육원

서울대 한국어 1A Student's Book

지은이 서울대학교 언어교육원
편집인 박형만, 공제학, 송솔내
펴낸곳 (주)투판즈
서울시 강남구 논현로 303
Tel (02)2140-2500
Fax (02)2140-2599
www.twoponds.co.kr
등록 1980년 10월 7일 제2004-000086호
디자인 디자인마루 / 새담디앤피
초판 1쇄 2013년 3월 1일
72쇄 2026년 1월 1일

ISBN 978-89-539-4944-7

Written by Language Education Institute, Seoul National University
Published by TWOPONDS Co., Ltd.
Designed by Designmaru / SAEDAM D&P

머리말 Preface

〈서울대 한국어 1A Student's Book〉은 한국어 성인 학습자를 위한 정규 과정용(약 200시간) 한국어 교재 시리즈 중 첫 번째 책이다. 이 책은 한국어에 대한 지식이 전혀 없는 성인 학습자들이 매우 친숙한 일상적 주제와 기능에 대한 언어 구성 능력과 사용 능력을 익혀서, 기초적인 한국어 의사소통 능력을 기르도록 하는 데 목적이 있다. 본 책은 다음과 같은 특징을 가지고 있다.

첫째, 말하기 의사소통 능력 신장에 중점을 두되 구어 학습과 문어 학습이 초급 단계에서부터 긴밀하게 연계되도록 구성하였다. 이를 위해 어휘와 문법의 연습, 대화문 연습, 담화 구성 연습으로 이어지는 단계적 말하기 학습을 도입하여 언어 지식의 학습이 언어 사용 능력 습득으로 자연스럽게 전이되도록 하였다. 또한 듣고 말하기, 읽고 쓰기 연습을 통해 구어와 문어의 통합적 학습이 이루어지게 하였다.

둘째, 실제적인 과제를 수행하는 과정에서 학습한 언어 지식을 충분히 활용하고 학습자 간 유의미한 상호작용이 활발하게 이루어지도록 구성하였다. 다양한 유형의 과제를 제시하고 필요한 경우 활동지를 별도로 제공하였다. 또한 원활한 과제 수행이 이루어질 수 있도록 교사용 과제 도움말을 멀티미디어 학습 자료에 제공하였다.

셋째, 어휘 및 문법, 발음 학습이 체계적으로 이루어지도록 구성하였다. 어휘는 각 과의 주제와 연계하여 의미장을 중심으로 제시함으로써 효율적인 어휘 학습이 가능하게 하였다. 또한 문법 항목의 의미와 용법에 대한 핵심적인 기술을 예문과 함께 제시함으로써 종래 한국어 교재에 부족했던 문법 기술 부분을 보강하고자 하였다. 이를 위해 문법 해설을 부록에 별도로 제공하여 목표 문법에 대한 학습자의 이해를 도울 수 있게 하였다. 발음은 해당 과와 관련된 개별음의 발음, 음운 규칙, 억양 등을 연습하여 발음의 정확성 및 유창성을 익히도록 하였다.

넷째, 문화 영역 학습이 수업에서 원활하게 이루어질 수 있도록 구성하였다. 이를 위해 그림, 사진 등의 시각 자료를 활용하거나 학습자의 숙달도가 고려된 간략한 설명으로 한국 문화 정보를 제시하였다. 또한 문화 상호주의적 관점에서 학습자 간 문화에 대해서 공유하는 기회를 가지도록 하였으며, 한국 문화에 대한 심화된 이해를 돕기 위해 부록에 문화 해설을 별도로 제시하였다.

다섯째, 멀티미디어 학습 자료를 함께 제공하여 수업용으로뿐만 아니라 자율 학습용으로도 사용하도록 하였다. 멀티미디어 학습 자료에는 어휘 및 문법의 간단한 연습, 말하기 연습, 읽기 텍스트 및 듣기 지문, 어휘 및 문법 목록, 오디오 파일, 수업용 보조 자료 등이 제공되어 예습과 복습에 효과적으로 이용할 수 있게 하였다.

여섯째, 영어 번역을 병기하여 영어권 학습자의 빠른 의미 이해가 가능하도록 하였다. 말하기 1 · 2 대화문, 문법 해설, 문화 해설 등에 번역을 함께 제공하였으며 각종 지시문, 새 단어 등에도 번역을 병기하였다.

일곱째, 사진, 삽화 등의 시각 자료를 풍부하게 제공하여 실제적이고 흥미 있는 학습이 가능하도록 하였다. 내용을 이해하는 데 도움이 되는 시각 자료를 통해 의미와 상황을 정확하게 전달하고 학습자의 흥미를 유발함으로써 학습 효과를 높이고자 하였다.

이 책이 완성되기까지 많은 분들의 노력과 수고가 있었다. 무엇보다도 오랜 기간에 걸쳐 집필 및 출판 과정에 참여한 교재개발위원회 선생님들의 헌신으로 책이 만들어질 수 있었다. 또한 2012년 가을학기에 직접 수업에서 사용하면서 꼼꼼하게 수정해 주신 김정화, 김현진, 김수영, 이소영, 이창용, 이현의, 김정은, 박광희, 이수정, 이희진, 최지영 선생님, 정확한 발음으로 녹음을 해 주신 성우 임채헌, 우현주 선생님의 노고에 감사를 드린다. 아울러 책이 출판되기까지 오랜 기간 동안 작업을 도와주신 투판즈의 사장님과 도현정 부장님, 박형만 편집팀장님, 공제학 과장님, 송솔내 대리님을 비롯한 편집진 여러분께도 고마운 마음을 전한다.

2013. 3.

서울대학교 언어교육원

원장 정 상 준

Preface 머리말

<Seoul National University Korean Language 1A Student's Book> is the first volume in the multi-level series developed to be used in a regular program (about 200 hours of class work) for adult learners of the Korean language. The primary goal of this book is to help novice learners of Korean language so that they may build basic communicative competence by developing their ability to construct language about topics of interest and apply language in real life situations. The key features of this book follow.

This textbook is carefully coordinated to link spoken language and written language while focusing on the development of communicative language skills. It utilizes a step-by-step approach consisting of vocabulary and grammar practice, controlled conversation practice, and open-ended interaction. Through this approach, knowledge about language transfers to real language use. In addition, 'Listening and Speaking' and 'Reading and Writing' sections integrate spoken language and written language learning.

A task-based approach maximizes the use of linguistic knowledge and encourages meaningful interaction between learners. Various types of tasks are introduced and activity sheets are provided as needed. The multimedia content offers detailed direction to assist instructors in managing class activities.

A systematic approach to learning vocabulary, grammar and pronunciation is adopted. Carefully selected vocabulary relating to the topic of each unit is meaningfully presented to learners increasing efficacy. In-depth descriptions with example sentences explain the meaning and usage of grammatical items and reinforce grammar concepts. The Grammar Extension presented at the back of the book as appendix aids learners' comprehension of target grammar. The Pronunciation section also promotes accuracy and fluency with lessons for individual sounds, phonological rules, and intonation.

This textbook is designed to actively integrate culture with classroom instruction. Cultural information is delivered by visual aids such as pictures and photograph, and level tailored concise explanations. This book also provides learners with opportunities for meaningful language production by sharing their own experiences interculturally. The appendix further extends the understanding of Korean culture.

The text includes the multimedia content that can be used in the classroom as well as independently, as an effective tool for previewing and reviewing. It contains simple exercises for vocabulary and grammar, speaking practices, reading texts, transcripts, vocabulary and grammar lists, audio files, and supplementary materials for classroom use.

Korean and English translations help English-speaking learners understand quickly. English translation is offered for Speaking 1, 2 dialogues, Grammar Extension, Culture Extension, exercise instructions, and new vocabulary.

Abundant visual aids such as photographs and illustrations make learning more realistic and enjoyable. Visual aids clearly enhance learning efficacy and increase learners' interest by delivering information on situations and meanings.

We wish to express our sincere gratitude to all who contributed to this project. We would particularly like to thank all instructors from the textbook development committee. Without their dedication and effort this text book would not have been possible. Also, we would like to thank the following instructors for their help in piloting materials and making suggestions during the Autumn session 2012: Kim Chunghwa, Kim Hyunjean, Kim Sooyoung, Lee Soyoung, Yi Changyong, Lee Hyuneui, Kim Jungeun, Park Kwanghee, Lee Sujeong, Lee Heejin, Choi Jiyoung. In addition, we would like to thank Lim Chaeheon and Woo Hyunju for their audio recordings. Finally, we would like to extend our gratitude to the CEO of TWOPONDS, Director Do Hyunjeong, Editorial Manager Park Hyungman, Mr. Kong Jehak, Ms. Song Solnae and all other editorial staff members for their generous support in having this volume published.

March 2013

Jeong Sangjun
Executive Director
Language Education Institute, Seoul National University

일러두기 How to use this book

서울대 한국어 1A Student's Book은 '한글 배우기', 1~8과로 구성되어 있다. '한글 배우기'는 한글의 창제 및 제자 원리 등을 제시하는 '한글 개관'과 자음과 모음을 익히는 '한글 (1), 한글 (2), 한글 (3)'으로 이루어져 있다. 1~8과는 '어휘', '문법과 표현 1 · 2', '말하기 1 · 2', '듣고 말하기', '읽고 쓰기', '과제', '문화 산책', '발음', '자기 평가'로 이루어져 있으며 한 과는 8시간용으로 구성되어 있다. 세부 내용은 다음과 같다.

The Seoul National University Korean 1A Student's Book is comprised of 8 units preceded by the preliminary lesson 'Learning the Korean Alphabet'. The preliminary lesson 'Learning the Korean Alphabet' consists of an overview that introduces the promulgation and principles of the Korean alphabet and exercises through which to learn its vowels and consonants. Each unit spans 8 hours of instruction divided into sections entitled and emphasizing: Vocabulary, Grammar and Expression 1 and 2, Speaking 1 and 2, Listening and Speaking, Reading and Writing, Task, Culture Note, Pronunciation, and Self-Check. A detailed explanation follows.

과의 주제와 관련된 상황을 사진으로 제시하여 학습 내용을 추측할 수 있도록 한다.

Photographs illustrating the unit topics allow students to visually orient themselves toward the learning content.

학습 목표 Learning Goals

영역별 학습 목표와 내용을 제시한다.
Learning Goals present the content and objectives of each unit by section.

일러두기 How to use this book

• 어휘 Vocabulary

주제 어휘를 범주별로 모아 의미를 유추할 수 있는 그림과 함께 제시한다.

The Vocabulary section introduces key lexical items by category accompanied by analogic pictures.

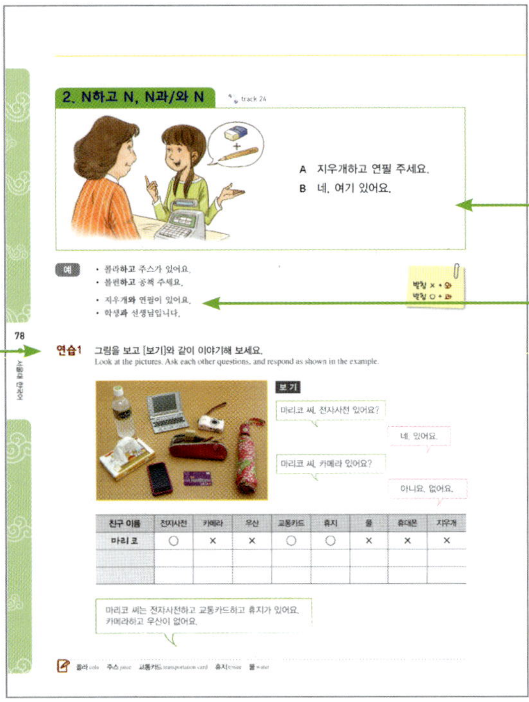

• 문법과 표현 Grammar and Expression

예시 대화, 예문, 유의미한 연습으로 구성된다.

The Grammar and Expression section offers key dialogues, example sentences, and meaningful exercises.

예시 대화

목표 문법이 사용되는 전형적인 대화를 삽화와 함께 제시한다.

Target grammar is presented with model dialogues accompanied by illustrations.

예문

목표 문법의 의미를 이해하고 형태 변화를 알 수 있도록 예문을 제시한다.

Example sentences model the meanings and form changes of target grammar items.

연습1

워크북의 통제 연습 이후 유의미한 연습을 통해 문법 사용 능력으로 연계되도록 한다.

Exercise 1 offers relevant exercises connected to controlled practice provided in the workbook, and develops students' ability to correctly use the target grammar.

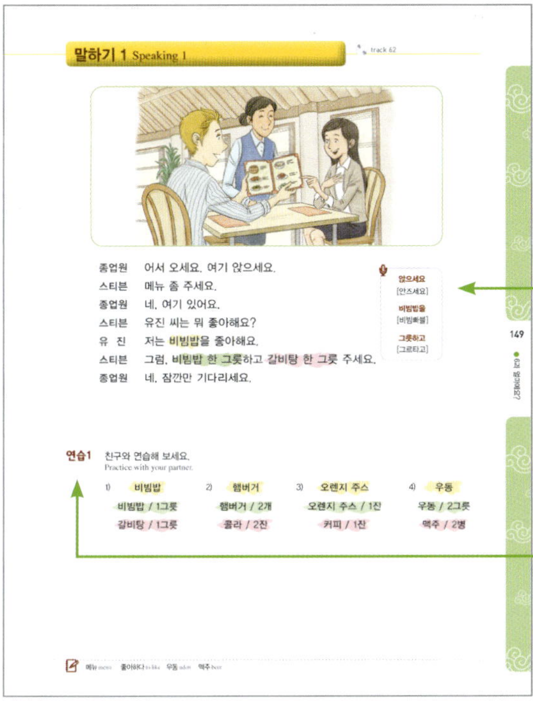
말하기 1 Speaking 1

track 62

종업원 어서 오세요. 여기 앉으세요.
스티븐 메뉴 좀 주세요.
종업원 네, 여기 있어요.
스티븐 유진 씨는 뭐 좋아해요?
유 진 저는 비빔밥을 좋아해요.
스티븐 그럼, 비빔밥 한 그릇하고 갈비탕 한 그릇 주세요.
종업원 네, 잠깐만 기다리세요.

앉으세요 [안즈세요]
비빔밥을 [비빔빠블]
그릇하고 [그르타고]

149

연습1 친구와 연습해 보세요.
Practice with your partner.

1) 비빔밥 비빔밥 / 1그릇 갈비탕 / 1그릇
2) 햄버거 햄버거 / 2개 콜라 / 2잔
3) 오렌지 주스 오렌지 주스 / 1잔 커피 / 1잔
4) 우동 우동 / 2그릇 맥주 / 2병

150

연습2 친구와 함께 좋아하는 음식을 이야기하고 그 음식을 주문해 보세요.
Talk about your favorite food with your partner and order it. Some examples are below.

메 뉴

1 서울식당	2 만리장성	3 도쿄스시	4 이탈리아노
불고기 ₩21,000	짜장면 ₩7,000	우동 ₩7,500	피자 ₩24,000
갈비탕 ₩9,000	짬뽕 ₩8,000	초밥 ₩22,000	스파게티 ₩16,000
냉면 ₩8,000	탕수육 ₩23,000	돈가스 ₩10,000	샌드위치 ₩9,500
비빔밥 ₩10,000	만두 ₩9,000	튀김 ₩25,000	샐러드 ₩11,000

무슨 음식을 좋아해요?
갈비탕을 좋아해요.
그래요? 저는 비빔밥을 좋아해요.
여기요. 갈비탕 하나하고 비빔밥 하나 주세요.

• 물건의 개수를 말할 때
When counting the number of items
방에 책상이 한 개 있어요.
= 방에 책상이 하나 있어요.
비빔밥 두 그릇 주세요.
= 비빔밥 둘 주세요.

• 말하기 Speaking

대화문, 교체 연습, 담화 연습으로 구성된다.

The Speaking section presents example dialogues, substitution dialogues, and discourse extension practice.

대화문

주제 어휘와 목표 문법을 포함한 대화문으로 의사소통 기능을 학습하도록 한다.

Dialogues include key vocabulary items and target grammar to build communicative skill.

연습1

어휘와 표현을 교체하면서 대화문을 익히는 연습을 하도록 한다.

Exercise 1 presents opportunity to practice new dialogues through the substitution of vocabulary and expressions.

연습2

대화문을 바탕으로 하여 구어 담화를 구성하는 연습을 하도록 한다.

Exercise 2 presents opportunity to create a new original dialogues based on the model dialogues.

일러두기 How to use this book

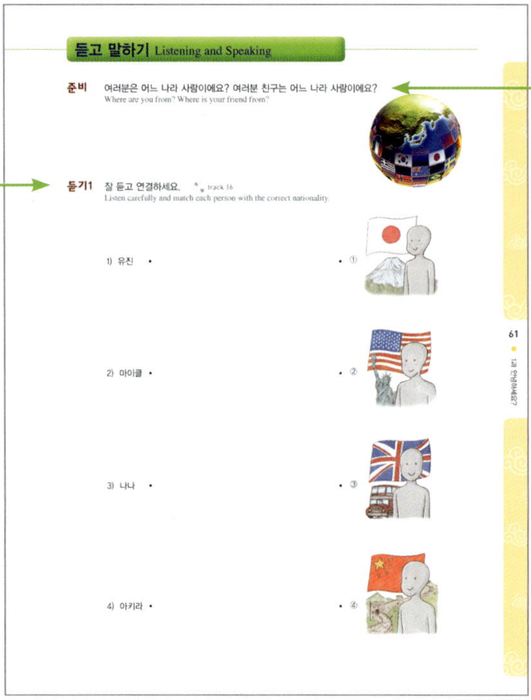

• 듣고 말하기 Listening and Speaking

'준비', '듣기 1 · 2', '말하기'로 구성된다.

The Listening and Speaking section offers Preparation, Listening 1, 2, and Speaking activities.

준비

듣기 전 단계로, 내용을 예측할 수 있는 질문, 어휘나 표현 등을 점검할 수 있는 삽화나 사진을 제시한다.

The Preparation section offers a pre-listening that previews the content of the listening passage providing schema activation, and utilizes illustrations or photographs to supplement vocabulary and expressions.

듣기

듣기 단계로, 들은 내용에 대한 확인 문제를 제시한다.

The Listening section presents a task with a comprehension check.

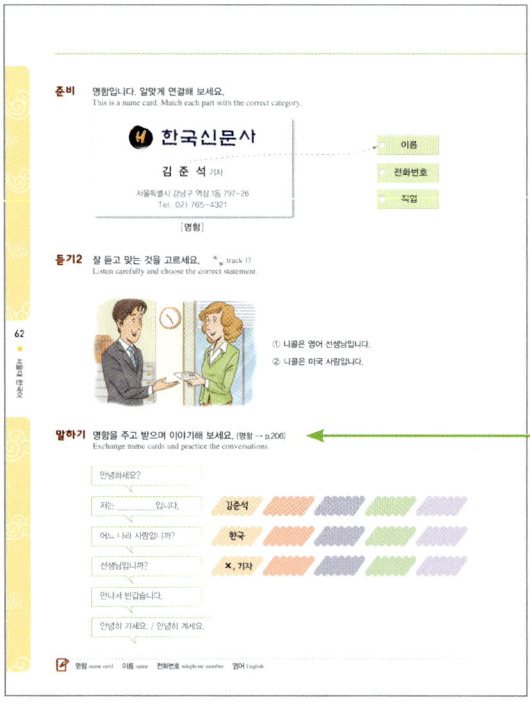

말하기

들은 후 단계로, 듣기의 주제 및 기능과 연계된 담화를 구성하도록 한다.

The Speaking section offers a follow-up task through which to construct conversations related to the theme and function of the listening task.

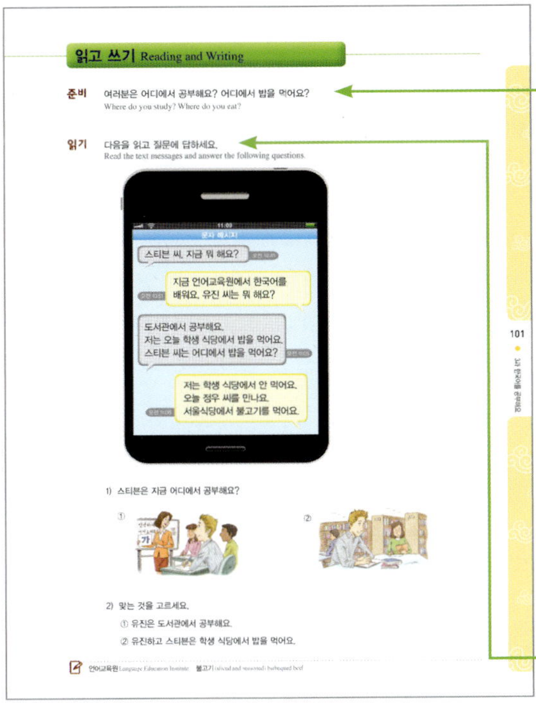

읽고 쓰기 Reading and Writing

준비 여러분은 어디에서 공부해요? 어디에서 밥을 먹어요?
Where do you study? Where do you eat?

읽기 다음을 읽고 질문에 답하세요.
Read the text messages and answer the following questions.

1) 스티븐은 지금 어디에서 공부해요?

① ②

2) 맞는 것을 고르세요.

① 유진은 도서관에서 공부해요.

② 유진하고 스티븐은 학생 식당에서 밥을 먹어요.

언어교육원 Language Education Institute 불고기 (sliced and seasoned) barbequed beef

101

• 읽고 쓰기 Reading and Writing

'준비', '읽기', '쓰기'로 구성된다.

The Reading and Writing section provides Preparation, Reading, and Writing task.

준비

읽기 전 단계로, 읽을 내용을 예측할 수 있는 질문, 어휘나 표현 등을 점검할 수 있는 삽화나 사진 등을 제시한다.

The Preparation section offers a pre-reading that previews the content of the reading passage providing schema activation, and utilizes illustrations or photographs to supplement vocabulary and expressions.

읽기

읽기 단계로, 학습자의 수준에 맞는 실제적이고 다양한 종류의 글을 읽은 내용에 대한 확인 문제와 함께 제시한다.

The Reading section presents practical and learner-level matched texts with a comprehension check.

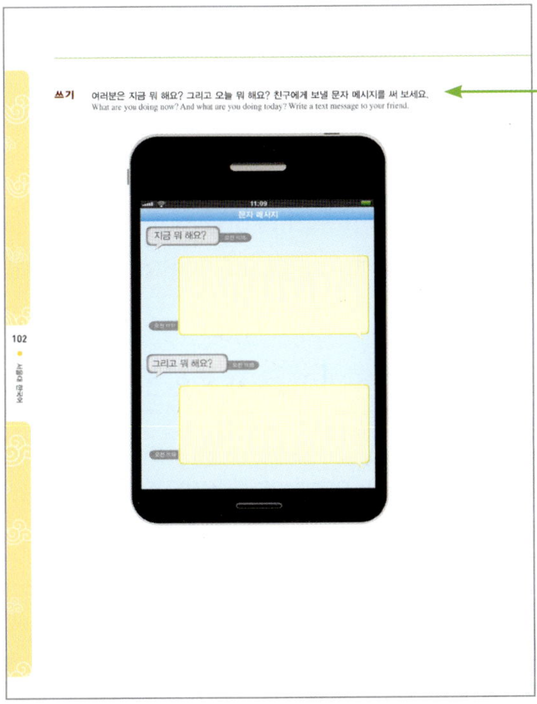

쓰기 여러분은 지금 뭐 해요? 그리고 오늘 뭐 해요? 친구에게 보낼 문자 메시지를 써 보세요.
What are you doing now? And what are you doing today? Write a text message to your friend.

102

쓰기

쓰기와 통합한 읽은 후 단계로, 읽기 텍스트와 유사한 종류의 글쓰기 활동이 이루어지도록 한다.

The Writing section, as a follow-up task, uses the reading text as a model for writing to produce a similar text.

일러두기 How to use this book

• 과제 Task

3~4 단계에 걸친 단계적 활동으로 구성된다. 과제 수행 중의 상호작용을 통해 어휘와 문법을 활성화하고 언어 사용의 유창성을 높이도록 한다.

The Task section composed of 3 or 4 step-by-step activities, providing opportunity to communicate using vocabulary and grammar learned in the unit, and helps build fluency.

• 문화 산책 Culture Note

'준비', '알아보기', '생각 나누기'로 구성된다.

The Culture Note section offers Preparation, Presentation, and Idea Sharing.

준비

문화 항목의 내용과 관련된 질문이나 삽화, 사진 등을 제시한다.

The Preparation section presents questions, illustration or photographs related to cultural content.

알아보기

과의 주제와 관련 있는 한국 문화 내용을 그림, 간단한 설명 등으로 제시한다.

The Presentation section presents Korean cultural content related to the topic of the unit, illustrated, and with a short note.

생각 나누기

한국 문화와 학습자 모국의 문화를 문화 상호주의적 관점에서 비교해 보도록 한다.

The Idea Sharing section provides opportunity to make intercultural comparisons of Korean culture.

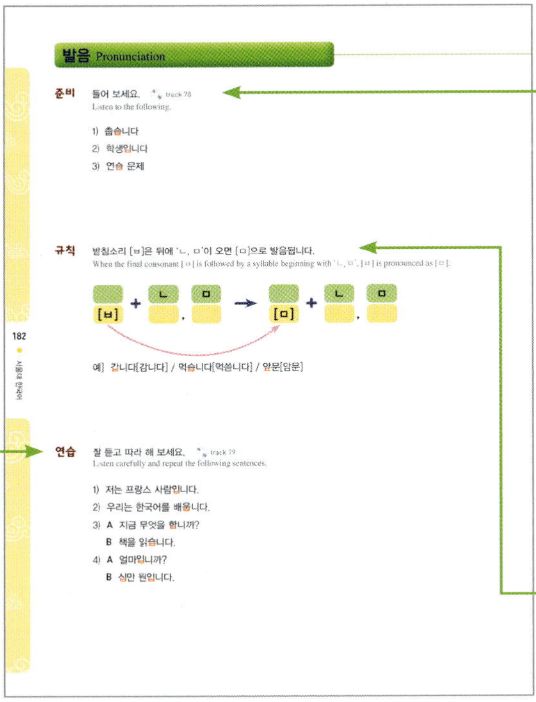

• 발음 Pronunciation

'준비', '규칙', '연습'으로 구성된다. 과의 어휘나 문법과 관련 있는 음운 현상을 연습하도록 한다.

The Pronunciation section offers a Warm-up, Rule Presentation, and Practice of the phonological rules related to specific vocabulary and grammar forms taught in each unit.

준비

목표 발음이 포함된 어구나 문장을 들어 보고 학습할 내용을 인지하도록 한다.

The Preparation section presents opportunity to listen to phrases or sentences that include target pronunciation.

규칙

발음 규칙을 도식화하여 제공한다.

The Rules section presents pronunciation rules clearly and diagrammatically.

연습

규칙을 내재화하기 위해 듣고 따라하는 연습을 하도록 한다.

The Practice section offers opportunity to listen and repeat sentences to internalize pronunciation rules.

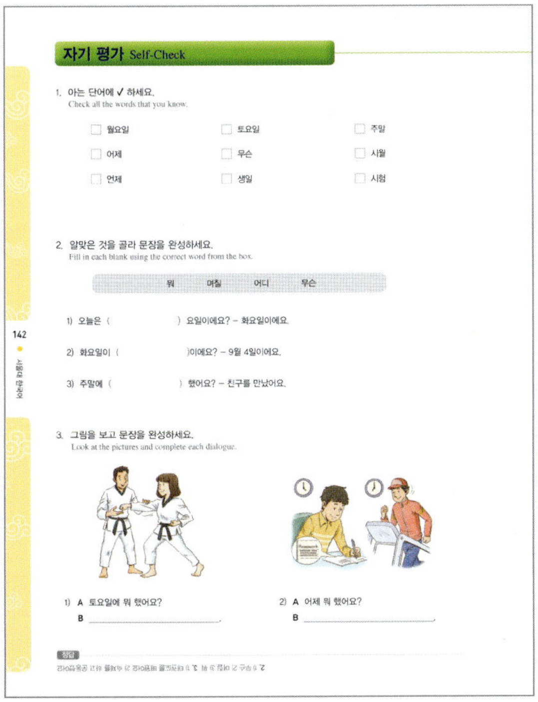

• 자기 평가 Self-Check

어휘와 문법을 중심으로 학습자 스스로 학습 정도를 점검하도록 한다.

The Self-Check section ends each unit with a review of grammar and vocabulary.

일러두기 How to use this book

• 부록 Appendix

'활동지', '문법 해설', '문화 해설', '듣기 지문', '모범 답안', '어휘 색인'으로 구성된다.

The Appendix includes Activity Sheets, Grammar Extension, Culture Extension, Listening Scripts, Answer Key, and Glossary.

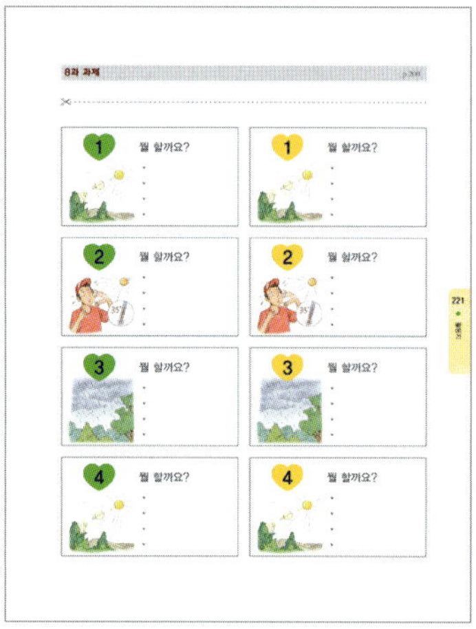

활동지

연습이나 과제 활동 등에 필요한 활동지를 제공한다.

Activity Sheets for exercises or tasks are provided.

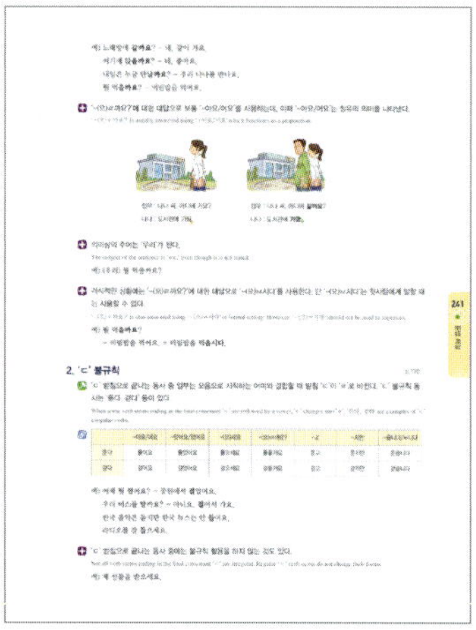

문법 해설

'문법과 표현'에서 학습한 문법에 대한 해설을 제공한다. 의미 정보, 결합 정보, 형태 교체를 보여 주는 예문 및 사용상 유의점을 정리하여 학습자의 문법에 대한 이해를 돕고 오류 생성을 줄일 수 있도록 한다.

The Grammar Extension section provides in-depth descriptions of grammar learned from the 'Grammar and Expression' section in each unit, promoting grammar comprehension and reducing errors by providing information on meanings and conjugations with example sentences and grammar notes.

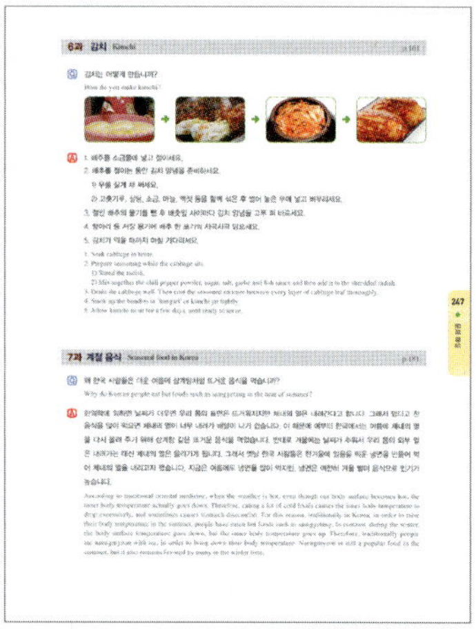

문화 해설

'문화 산책'에서 제시한 문화 내용에 대한 학습자의 이해를 돕기 위해 질의 응답 형식의 해설을 제공한다.

The Q & A section adds in-depth cultural information to that presented in the 'Culture Note'.

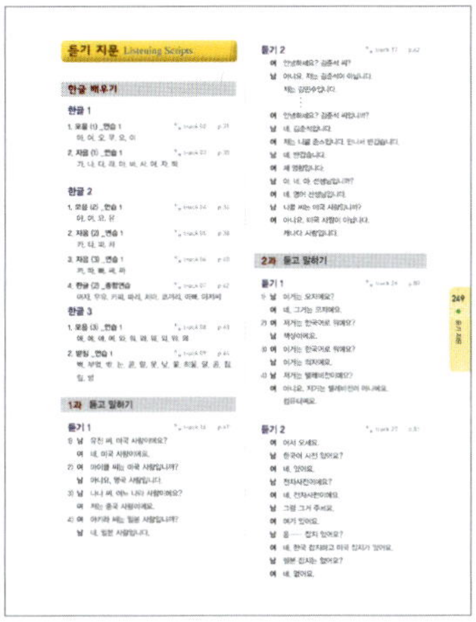

듣기 지문

'듣고 말하기'의 듣기 지문을 제공한다.

Transcriptions for listening passages in 'Listening and Speaking' are provided.

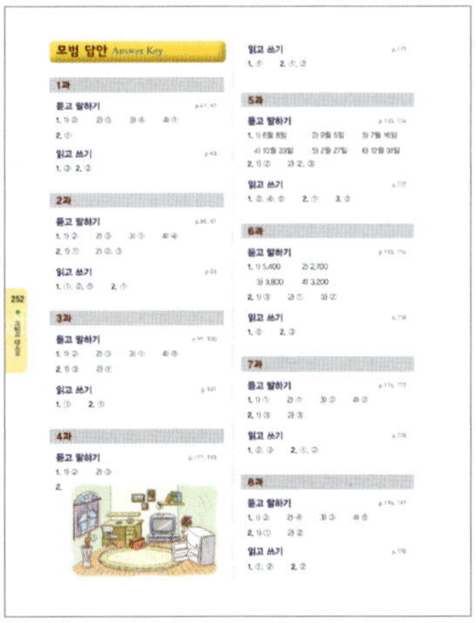

모범 답안

'듣고 말하기', '읽고 쓰기'의 문제에 대한 답을 제공한다.

Answer key for comprehension checks in 'Listening and Speaking' and 'Reading and Writing' are provided.

어휘 색인

교재에 나오는 모든 어휘를 출현한 페이지와 함께 제시한다.

A list is provided of all the vocabulary in the textbook, with page number.

일러두기 How to use this book

• 멀티미디어 학습 자료

'어휘', '문법과 표현'의 예문 및 연습 문제, '말하기 1 · 2'의 대화문, 듣기 지문, 읽기 텍스트, 오디오 파일, 사진 및 동영상 등의 보조 자료, 교사용 과제 도움말 등을 제공한다.

The multimedia content furnishes example sentences and exercises for the Vocabulary and Grammar and Expression sections, dialogues for the Speaking 1 and 2 sections, as well as transcripts, reading texts, audio files, supplementary materials such as photographs and movie clips, and helpful tips for instructors.

주제 어휘를 오디오 파일과 함께 확인할 수 있다.

The Vocabulary section provides opportunity to check key lexical items with audio files.

줄 긋기, 메모리 게임 등의 활동을 통해 어휘를 학습할 수 있다.

Vocabulary can be practiced through activities such as matching or memory games.

'문법과 표현'의 주요 내용을 학습할 수 있다.

The Grammar and Expression section presents core information on those items.

애니메이션으로 구현된 말하기 대화를 들을 수 있다.

The Speaking section provides animated dialogues.

'말하기' 대화문을 볼 수 있다.

This section provides texts for dialogues.

영어 번역을 확인할 수 있다.

This function offers English translations.

'말하기' 연습 1의 교체된 대화문을 볼 수 있다.

This function shows substituted dialogues for Exercise 1.

'말하기' 대화를 역할극으로 할 수 있다.

This function allows for role-plays.

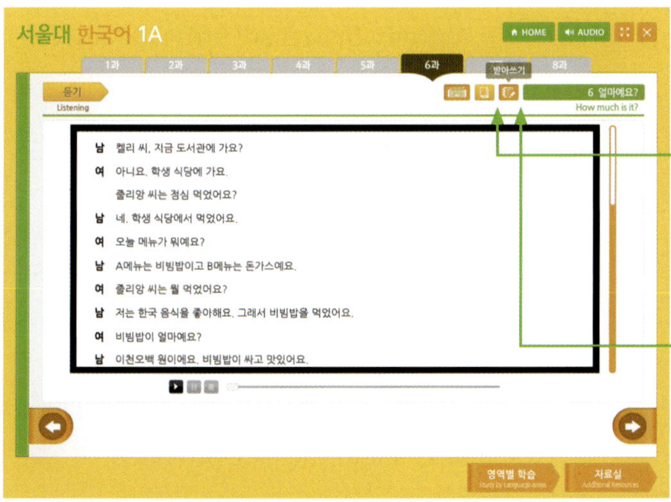

듣기 지문을 보면서 들을 수 있다.

This function offers transcripts for Listening 2.

들으면서 받아쓰기 연습을 할 수 있다.

This function offers dictation exercises.

일러두기 How to use this book

새 단어의 뜻과 예문을 확인할 수 있다.
The pop-up assistant offers definitions of new vocabulary with example sentences when a word is highlighted.

읽기 텍스트의 내용을 들어 볼 수 있다.
This function allows the text to be heard.

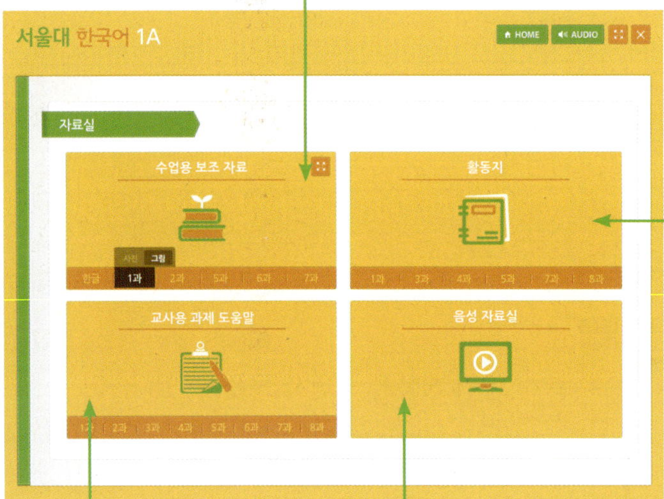

사진, 동영상 등의 수업용 보조 자료를 제공한다.
The Reference Room provides supplementary materials such as photographs and video clips.

과제용 활동지를 제공한다.
Activity Sheets are provided for the Task section.

과제 운영을 위한 교사용 도움말을 제공한다.
Helpful tips for the Task section are provided for instructors.

오디오 파일을 모두 mp3 파일로 제공한다.
Mp3 audio files are provided.

차례 Contents

교재 구성표 Scope and Sequence

단원 Unit	말하기 Speaking	듣고 말하기 Listening and Speaking	읽고 쓰기 Reading and Writing
한글 배우기 Learning the Korean alphabet	한글 개관 • 한글 소개 Introduction to Hangeul • 자음과 모음 Consonants and vowels • 한글의 특징 The features of Hangeul		한글 1 • 모음 (1) Vowels (1) • 자음 (1) Consonants (1)
1 과 안녕하세요? Hello	• 비격식적인 상황에서 자기 소개하기 Introducing oneself in an informal setting • 격식적인 상황에서 자기소개하기 Introducing oneself in a formal setting	• 국적에 대한 짧은 대화 듣기 Listening to the short conversations about nationality • 국적과 직업에 대한 대화 듣기 Listening to a conversation about nationality and occupation • 명함 주고받으며 인사하기 Greeting and exchanging name cards	• 자기소개하는 글 읽기 Reading a self-introduction • 블로그에 자기소개하는 글 쓰기 Writing your self-introduction for a blog
2 과 이거는 뭐예요? What is this?	• 사물 이름 묻고 답하기 Talking about the names of items • 가게에서 원하는 물건 요구하기 Requesting items in the shop	• 사물의 이름 묻고 답하는 대화 듣기 Listening to the names of items • 물건 구입하는 대화 듣기 Listening to a conversation about shopping • 물건 구입하는 대화하기 Conversing about a purchase	• 방 소개하는 게시판 글 읽기 Reading a blog about a room • 방 소개하는 글 쓰기 Writing a blog about your room
3 과 한국어를 공부해요 I study Korean	• 현재 하는 일 묻고 답하기 Talking about current activities • 장소 묻고 답하기 Talking about locations	• 일정에 대한 짧은 대화 듣기 Listening to the short conversations about a schedule • 일상생활에 대한 대화 듣기 Listening to a conversation about daily life • 오늘 일정에 대해 말하기 Talking about today's schedule	• 일정에 대한 문자 메시지 읽기 Reading a text message about the schedule • 친구에게 문자 메시지 쓰기 Writing a text message to a friend
4 과 어디에 있어요? Where is it?	• 장소 소개하기 Talking about a place • 목적지와 위치 묻고 답하기 Asking and answering destination and location	• 목적지에 대한 대화 듣기 Listening to a conversation about destination • 물건의 위치를 묻고 답하는 대화 듣기 Listening to a conversation about the location of items • 물건의 위치 말하기 Talking about the location of items	• 자기 방 소개하는 편지 읽기 Reading a letter describing one's room • 집이나 학교를 묘사하는 글 쓰기 Writing a description of a house or school

과제 Task	어휘 Vocabulary	문법과 표현 Grammar and Expression	발음 Pronunciation	문화 산책 Culture Note
한글 2	• 모음 (2) Vowels (2) • 자음 (2) Consonants (2) • 자음 (3) Consonants (3)	한글 3 • 모음 (3) Vowels (3) • 받침 Batchim (Syllable-final consonants)		
• 공항에서 사람 찾기 Finding a person at the airport	• 국적 Nationality • 직업 Occupation	• 인사말 • N은/는 N이에요/예요 • N입니까?, N입니다 • N이/가 아닙니다	• 평서문과 의문문의 억양 Intonation of statements and questions	• 인사법 Greeting etiquette in Korea
• 교실에 있는 물건 이름 알아보기 Identifying the names of items in the classroom	• 학용품 School supplies • 일상 생활용품 Daily goods	• N이/가 있어요[없어요] • 이거는[그거는, 저거는] N이에요/예요 • N 주세요 • N하고 N, N과/와 N	• '예'의 발음 Pronunciation of '예'	• 한국에만 있는 물건 Special Korean items
• 카드 보고 문장 만들기 게임 Sentence making game	• 동사 1 Verb 1 • 장소 1 Place 1	• V-아요/어요 • N을/를 • N에서 • 안 V	• 연음 Linking	• 한국의 방 문화 Rooms in Korea
• 쇼핑몰 안내도 완성하기 Creating a shopping mall guide map	• 장소 2 Place 2 • 위치 Location	• 여기가 N이에요/예요 • N에 있어요[없어요] • N에 가요[와요] • N 앞[뒤, 옆]	• 경음화 1 Glottalization 1	• 인사동 Insa-dong

교재 구성표 Scope and Sequence

단원 Unit	말하기 Speaking	듣고 말하기 Listening and Speaking	읽고 쓰기 Reading and Writing
5 과 주말에 친구를 만났어요 I met my friend over the weekend	• 날짜와 요일 묻고 답하기 Talking about dates and days of the week • 과거에 한 일 묻고 답하기 Talking about past experiences	• 날짜에 대한 짧은 대화 듣기 Listening to the short conversations about dates • 시험에 대한 대화 듣기 Listening to a conversation about an exam • 시험에 대해 말하기 Talking about an exam	• 주말 일과에 대한 일기 읽기 Reading a journal entry about the weekend • 일기 쓰기 Writing a journal entry
6 과 얼마예요? How much is it?	• 식당에서 주문하기 Ordering food at a restaurant • 물건의 가격 묻기 Asking the price of items	• 가격에 대한 짧은 대화 듣기 Listening to the short conversations about price • 식당 메뉴에 대한 대화 듣기 Listening to a conversation about a menu • 식당 메뉴에 대해 말하기 Talking about a menu	• 광고문 읽기 Reading an advertisement • 광고문 쓰기 Creating an advertisement
7 과 날씨가 어떻습니까? How is the weather?	• 날씨 묻고 답하기 Talking about weather • 고향 날씨 발표하기 Making a presentation about the weather in your hometown	• 날씨에 대한 짧은 대화 듣기 Listening to the short conversations about weather • 여행지에 대한 대화 듣기 Listening to a conversation about trip • 여행 경험 말하기 Talking about travel experiences	• 한국의 계절에 대한 블로그 글 읽기 Reading a blog about the seasons in Korea • 좋아하는 계절에 대한 글 쓰기 Writing about your favorite season
8 과 영화 볼까요? Shall we watch a movie?	• 제안하기 Making suggestions • 느낌 표현하기 Expressing feeling	• 여가 활동 제안하는 대화 듣기 Listening to the suggestions about leisure activities • 여가 활동에 대한 대화 듣기 Listening to a conversation about leisure activities • 여가 활동 제안하기 Making suggestions about leisure activities	• 같이 운동할 사람을 찾는 글 읽기 Reading an advertisement for finding an exercise buddy • 여가 활동을 함께 할 친구 찾는 글 쓰기 Writing an advertisement for finding friends

과제 Task	어휘 Vocabulary	문법과 표현 Grammar and Expression	발음 Pronunciation	문화 산책 Culture Note
• 친구 일정 알아보기 Finding out about classmates' schedules	• 숫자 1 Numbers 1 • 요일 Days of the week	• 날짜와 요일 • N에 • V-았/었- • V-고	• 숫자 '십(10)'의 발음 Pronunciation of number '십(10)'	• 명절 Traditional holidays in Korea
• 물건 사고팔기 Buying and selling items	• 음식 Food • 숫자 2 Numbers 2 • 돈 Money	• V-(으)세요 • N 개[병, 잔, 그릇] • N이/가 A-아요/어요 • N도	• 'ㅎ' 탈락 Silent 'ㅎ'	• 김치 Kimchi
• 여행에 필요한 물건 준비하기 Packing for a trip	• 날씨와 계절 Weather and seasons • 형용사 1 Adjective 1	• 'ㅂ' 불규칙 • A/V-지만 • A/V-습니다/ㅂ니다 • A/V-고	• 비음화 1 Nasalization 1	• 계절 음식 Seasonal food in Korea
• 데이트 제안하기 Asking for a date	• 여가 활동 Leisure activities	• V-(으)ㄹ까요? • 'ㄷ' 불규칙 • 이[그, 저] N • A/V-네요	• 청유문의 억양 Intonation of propositive sentences	• 이성 친구를 만나는 방법 How to find a boyfriend / girlfriend

등장인물 Characters

마리코 (30)
일본
LEI 학생, 주부
나나 (20)
중국
LEI 학생
줄리앙 (25)
프랑스
LEI 학생, 대학원생
이지연 (30)
한국
주부
김민수 (28)
한국
회사원
아키라 (28)
일본
LEI 학생, 회사원

한글 배우기

Learning the Korean alphabet

서울대학교

서울

한국

세종

한글 대왕

학습목표

한글 개관	• 한글 소개 Introduction to Hangeul • 자음과 모음 Consonants and Vowels • 한글의 특징 The features of Hangeul
한글 1	• 모음 (1) Vowels (1) • 자음 (1) Consonants (1)
한글 2	• 모음 (2) Vowels (2) • 자음 (2) Consonants (2) • 자음 (3) Consonants (3)
한글 3	• 모음 (3) Vowels (3) • 받침 Batchim (Syllable-final consonants)

한글 개관

1. 한글 소개 Introduction to Hangeul

한글 창제 The Creation of Hangeul

한국의 고유 문자인 '한글'은 1443년 당시 조선의 왕이었던 세종대왕의 명으로 집현전 학자들에 의해 창제되었다. 1446년에는 백성을 가르치는 바른 소리라는 의미의 '훈민정음(訓民正音)'이라는 이름으로 동명의 해설서인 「훈민정음」을 통해 반포되었다. 「훈민정음」은 한글의 창제 목적과 제자 원리, 용법 등을 담고 있는 책으로, 이와 같이 새 문자에 대한 해설서를 편찬한 것은 다른 민족에서는 유례를 찾기가 어렵다. 「훈민정음」은 1997년 유네스코(UNESCO) 세계 기록문화 유산으로 지정되었다.

The Korean alphabet 'Hangeul' was created in 1443 by a team of scholars in the royal research organization named the Jiphyeonjeon, Hall of Worthies, under the direction of King Sejong of the Joseon Dynasty. In 1446, the first Korean alphabet was proclaimed under the original name Hunminjeongeum, which literally means 'the correct sounds for educating people'. The Hunminjeongeum is a manuscript describing the purpose of creation, principles, and usage of Hangeul. This document is unique as an explanatory edition for new scripts. The Hunminjeongeum was registered with UNESCO's Memory of the World in 1997.

[세종대왕]

世宗御製訓民正音
國之語音이
異乎中國ᄒᆞ야
나랏말ᄊᆞ미
中國에달아
與文字로不相流通ᄒᆞᆯᄊᆡ
文字와로서르ᄉᆞᄆᆞᆺ디아니ᄒᆞᆯᄊᆡ
故로愚民이有所欲言

[훈민정음 언해본]

창제 목적 The Purpose of the Creation of Hangeul

한글이 창제되기 전에는 동아시아의 여러 국가와 마찬가지로 한국도 중국의 문자인 한자를 빌어 문자 생활을 하였다. 그러나 한자는 익히기가 어려워 문자 생활은 자연히 당시의 지배계층인 양반들을 중심으로 이루어질 수밖에 없었고, 일반 서민들은 자신의 의견이나 생각을 글로는 제대로 표현하기 어려웠다. 이에 세종대왕은 쉽게 배우고 쓸 수 있는 새 글자인 한글을 창제함으로써 일반 백성들의 문자 생활을 편리하게 함과 동시에 문맹률을 낮추어 나라의 정책을 알리고 백성을 다스리는 일을 더 용이하게 하고자 하였다.

Koreans once borrowed Chinese characters for use as a writing system, like many other East Asian countries. The investment involved in learning Chinese characters, or Hanja, made it difficult for the common people to express their thoughts in writing, and restricted the use of writing to the upper class. Therefore, King Sejong created Hangeul in order to provide an easily accessible writing system for the common people and to more effectively rule the country by lowering the illiteracy rate.

제자 원리 The Principles of Hangeul

한글의 제자 원리를 살펴보면, 모음은 만물의 근원인 하늘과 땅과 인간을 형상화한 '•, ㅡ, ㅣ'를 기본 글자로 하고 이들을 조합하는 방식으로 만들어졌으며, 자음은 발음 기관의 모양을 본떠 기본 글자를 만들고 여기에 조음 방법을 나타내는 획을 더하는 방식으로 만들어졌다.

Hangeul vowels are based on three shapes '•, ㅡ, and ㅣ', which represent the sky, earth, and human, respectively. Different combinations of these three basic shapes generate the Hangeul vowels. The basic consonants are based on the articulatory shapes of the vocal organs. Additional strokes or duplication of symbols represent variations of basic consonant sounds.

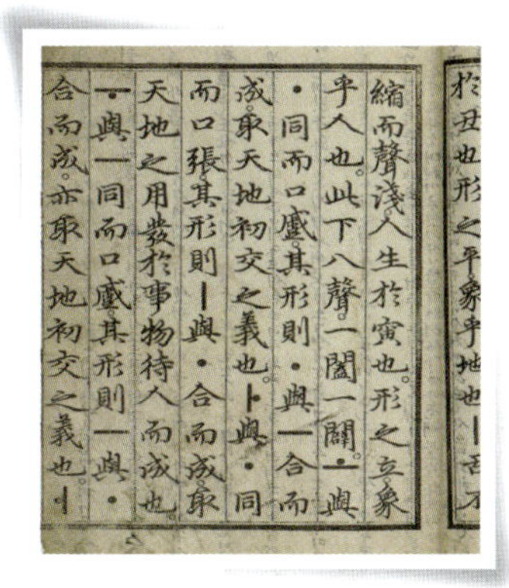

• + ㅡ = ㅗ　　ㅣ + • = ㅏ

ㅡ + • = ㅜ　　• + ㅣ = ㅓ

[모음의 제자 원리 The principles of the vowels]

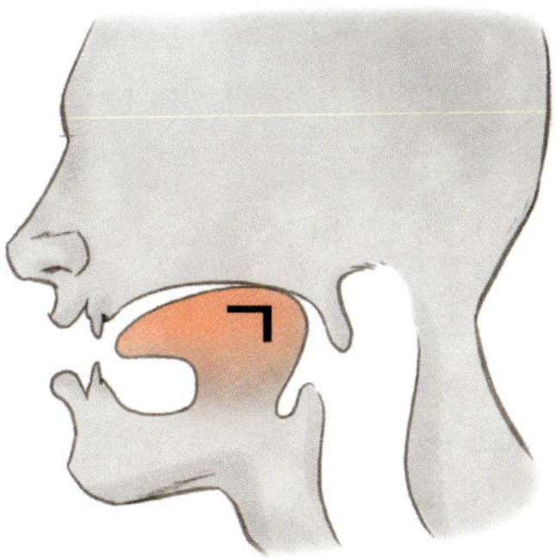

ㄱ → ㅋ　　ㄴ → ㄷ → ㅌ

ㅅ → ㅈ → ㅊ　　ㅁ → ㅂ → ㅍ

[자음의 제자 원리 The principles of the consonants]

이러한 제자 원리에 따라 만들어진 모음과 자음의 글자들은 음성·음운적으로 상당히 긴밀하고 체계적인 관계를 형성하고 있다. 당시 한글을 창제한 학자들은 음성학과 음운학 분야에 조예가 깊었으며 그러한 언어학적 지식을 바탕으로 하여 새로운 문자를 창제했음을 알 수 있다. 새 문자는 세종대왕 창제 당시에 자음 17자, 모음 11자로 모두 28자였으나, 이후 4개의 글자(ㆁ, ㆆ, ㅿ, ㆍ)가 소실되고 현재는 24개의 글자만을 사용하고 있다.

Vowels and consonants represented by these principles form a very close system, phonetically and phonologically. Hangeul was created according to the intensive knowledge of sound patterns and the phonological theories of the scholars who were involved in its development. 17 consonants and 11 vowels were represented at first, however, ㆁ, ㆆ, ㅿ, and ㆍ were abolished and only 24 characters are currently in use.

한글은 현재 세계 여러 나라의 언어학자들에 의해 그 독창성과 과학성, 체계성, 효율성 등을 높이 평가받고 있다. 유네스코(UNESCO)는 1989년 '세종대왕 문해상'을 제정하여 매년 9월 8일(문맹 퇴치의 날) 문맹 퇴치에 뛰어난 공적을 쌓은 사람이나 단체에 시상을 하고 있다. 또한 한국에서는 10월 9일을 '한글날'로 지정하여 매년 한글 창제를 국가적으로 기념하고 있다.

Hangeul has been recognized by linguists worldwide as a unique, scientific, systematic, and effective writing system. In 1989, the UNESCO King Sejong Literacy Prize was created to honor a person or organization that has contributed greatly to eradication of illiteracy. The award ceremony takes place every year on the 8th of September (International Literacy Day). Koreans also observe 'Hangeul Day' on the anniversary of the declaration of Hangeul every year on the 9th of October.

2. 자음과 모음 Consonants and Vowels

현재 사용되고 있는 글자의 수는 자음이 19개, 모음이 21개로, 모두 40개이다. 이를 표로 보이면 다음과 같다.

There are 40 letters in use today. 19 consonants and 21vowels, as shown in the table below.

글자 letter	ㄱ	ㄴ	ㄷ	ㄹ	ㅁ	ㅂ	ㅅ	ㅇ	ㅈ	ㅎ
음가 sound value	[k/g]	[n]	[t/d]	[r/l]	[m]	[p/b]	[s]	[ø/ŋ]	[tʃ/j]	[h]
글자 letter	ㅋ		ㅌ			ㅍ			ㅊ	
음가 sound value	[kʰ]		[tʰ]			[pʰ]			[tʃʰ]	
글자 letter	ㄲ		ㄸ			ㅃ	ㅆ		ㅉ	
음가 sound value	[k′]		[t′]			[p′]	[s′]		[tʃ′]	

[자음 Consonants]

글자 letter	ㅏ	ㅓ	ㅗ	ㅜ	ㅡ	ㅣ	ㅐ	ㅔ	ㅚ	ㅟ
음가 sound value	[a]	[ə]	[o]	[u]	[ɨ]	[i]	[ɛ]	[e]	[ö/we]	[ü/wi]
글자 letter	ㅑ	ㅕ	ㅛ	ㅠ			ㅒ	ㅖ		
음가 sound value	[ya]	[yə]	[yo]	[yu]			[yɛ]	[ye]		
글자 letter	ㅘ	ㅝ					ㅙ	ㅞ		
음가 sound value	[wa]	[wə]					[wɛ]	[we]		
글자 letter						ㅢ				
음가 sound value						[ɰi]				

[모음 Vowels]

3. 한글의 특징 The Features of Hangeul

한국어는 다음과 같이 네 가지 유형의 음절 구조를 가지고 있다.

There are four different types of Korean syllable structure.

① V (모음 vowel) 예) 아, 오

② CV (자음 + 모음 consonant + vowel) 예) 가, 구

③ VC (모음 + 자음 vowel + consonant) 예) 안, 옷

④ CVC (자음 + 모음 + 자음 consonant + vowel + consonant) 예) 강, 곰

이러한 음절 구조상 표기에서 나타나는 한글의 특징은 다음과 같다.

Based on the phonetic syllable structures, the special features in writing Hanguel are as follows.

① 한글은 음절 단위로 표기한다. 영어, 일본어 등의 언어에서는 자음과 모음을 병렬식으로 표기하지만 한글은 모음을 중심으로 해서 음절 단위로 써야 한다.

When writing Hangeul, the letters are not written one after the other in a line like English or Japanese, but grouped together into syllables.

예) ㅇ ㅏ ㅇ ㅣ → 아이

ㄱ ㅏ ㄱ ㅜ → 가구

② 한글의 모음은 자음을 왼쪽에 써야 하는 모음과 자음을 위쪽에 써야 하는 모음이 있다.

There are two different locations for vowels, each requiring different placement of consonants. The vertical vowels are written with the consonant positioned to the left, and the horizontal vowels are written with the consonant positioned above.

– 자음을 왼쪽에 써야 하는 모음의 구조

Consonant location for vertical vowels

ㅏ 예) 나, 너, 머

– 자음을 위쪽에 써야 하는 모음의 구조

Consonant location for horizontal vowels

ㅗ 예) 고, 부

③ 음절이 모음으로 시작되는 경우에는 음가가 없는 자음('o')을 함께 써 주어야 한다.

Syllables beginning with a vowel, require that the consonant 'o', which has no sound value in the initial position, be placed in the initial consonant position, as a 'place holder'.

V (모음 vowel) 예) 아, 오

VC (모음 + 자음 vowel + consonant) 예) 안, 옷

④ 음절이 자음으로 끝나는 경우에는 그 자음을 모음의 아래쪽에 쓴다.

Syllables ending with a consonant position the final consonant under the vowel.

– 자음을 왼쪽에 써야 하는 모음의 경우

The location of final consonants in syllables with vertical vowels

아 예) 안, 발

– 자음을 위쪽에 써야 하는 모음의 경우

The location of consonants in syllables with horizontal vowels

오 예) 옷, 곰

한글 1

1. 모음 (1) Vowels (1)

글자 letter	ㅏ	ㅓ	ㅗ	ㅜ	ㅡ	ㅣ
음가 sound value	[a]	[ə]	[o]	[u]	[ɨ]	[i]
획순 writing order	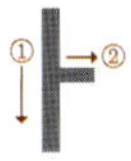	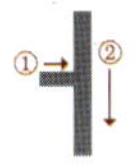	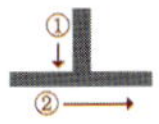	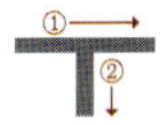		

연습1 들어 보세요. Listen to the following. track 02

아　　어　　오　　우　　으　　이

연습2 써 보세요. Write the following.

아	아						
어	어						
오	오						
우	우						
으	으						
이	이						

연습3 읽어 보세요. Read the following words.

5

오 five

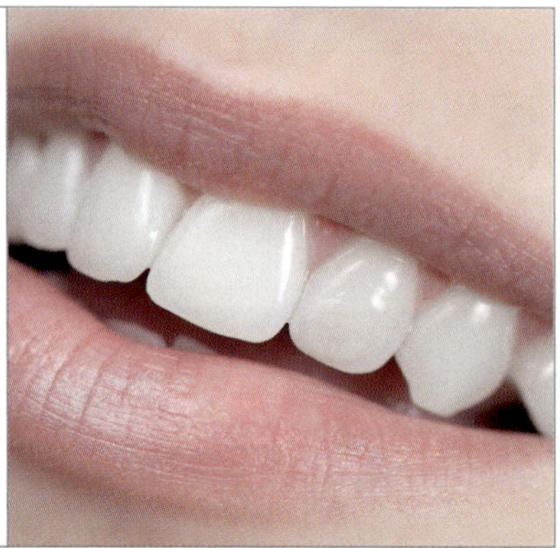

이 tooth

아우 younger sibling

아이 kid

오이 cucumber

2. 자음 (1) Consonants (1)

글자 letter	ㄱ	ㄴ	ㄷ	ㄹ	ㅁ	ㅂ	ㅅ	ㅇ	ㅈ	ㅎ
음가 sound value	[k/g]	[n]	[t/d]	[r/l]	[m]	[p/b]	[s]	[ø/ŋ]	[tʃ/j]	[h]
획순 writing order	ㄱ	ㄴ	ㄷ	ㄹ	ㅁ	ㅂ	ㅅ	ㅇ	ㅈ	ㅎ

연습1 들어 보세요. Listen to the following. track 03

가 나 다 라 마 바 사 아 자 하

연습2 써 보세요. Combine the vowels and consonants below.

모음 / 자음	ㅏ	ㅓ	ㅗ	ㅜ	ㅡ	ㅣ
ㄱ	가					
ㄴ		너				
ㄷ			도			
ㄹ				루		
ㅁ					므	
ㅂ						비
ㅅ	사					
ㅇ		어				
ㅈ			조			
ㅎ				후		

연습3 읽어 보세요. Read the following words.

가수 singer	고기 meat	구두 shoes

나라 country	나무 tree	다리 legs

라디오 radio	머리 head	바나나 banana

바지 pants	소 cow	아기 baby

어머니 mother	지도 map	모자 hat

아버지 father	허리 waist	지하 underground

한글 1 종합 연습 Hangeul 1 practice

1. 친구와 같이 읽어 보세요. Read the following chart with your partner.

너 오 그

두 사 어 누

으 로 마 저 비

호 누 이 다 미 소

자 오 리 구 서 모 바 느 후

소 나 드 로 마 버 스 지 하 모 이

도 자 기 구 시 소 너 머 시 로 더 허

한글 2

1. 모음 (2) Vowels (2)

글자 letter	ㅑ	ㅕ	ㅛ	ㅠ
음가 sound value	[ya]	[yə]	[yo]	[yu]
획순 writing order	ㅑ ①↓ ②→ ③→	ㅕ ①→ ②→ ③↓	ㅛ ①↓ ②↓ ③→	ㅠ ①→ ②↓ ③↓

tip 이 모음들은 [이]를 짧고 약하게 소리 낸 후 끊지 않고 바로 이어서 [아, 어, 오, 우]를 발음합니다.

To produce [야, 여, 요, 유], pronounce a short and soft [이] and then without pausing pronounce [아, 어, 오, 우].

연습1 들어 보세요. Listen to the following. track 04

야 여 요 유

연습2 써 보세요. Write the following.

야	야			
여	여			
요	요			
유	유			

모음 / 자음	ㅑ	ㅕ	ㅛ	ㅠ
ㄱ	갸			
ㅁ		며		
ㅂ			뵤	
ㅅ				슈
ㅎ				

연습3 읽어 보세요. Read the following words.

야구 baseball

야자수 palm tree

이야기 talk

여자 woman

벼 rice

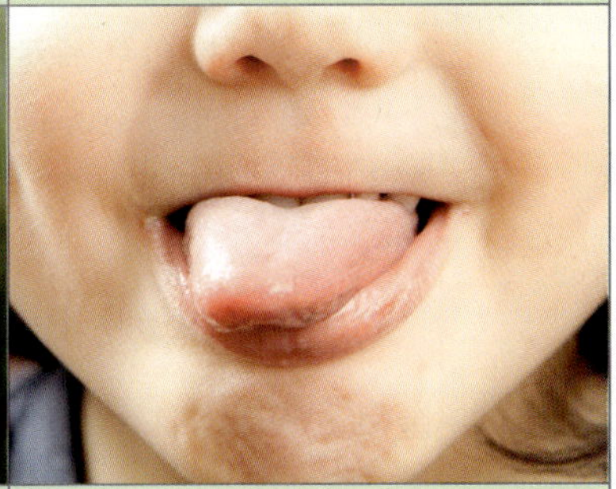

혀 tongue

요가 yoga

요리 cooking

교수 professor

유리 glass

휴지 toilet paper

우유 milk

2. 자음 (2) Consonants(2)

글자 letter	ㅋ	ㅌ	ㅍ	ㅊ
음가 sound value	$[k^h]$	$[t^h]$	$[p^h]$	$[\text{tʃ}^h]$
획순 writing order	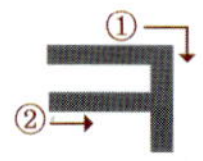	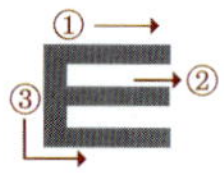	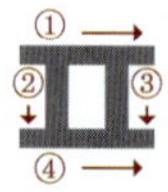	

tip 이 자음들은 [ㄱ, ㄷ, ㅂ, ㅈ] 소리와 [ㅎ] 소리가 합해진 소리로, 입안의 공기를 아주 세게 밖으로 내보내면서 발음합니다.

[ㅋ, ㅌ, ㅍ, ㅊ] are the aspirated variants of [ㄱ, ㄷ, ㅂ, ㅈ], and are made by combining the [ㄱ, ㄷ, ㅂ, ㅈ] sounds with the aspirated [ㅎ] sound.
[ㅋ, ㅌ, ㅍ, ㅊ] are pronounced with an extra-heavy plosive puff of air from one's mouth.

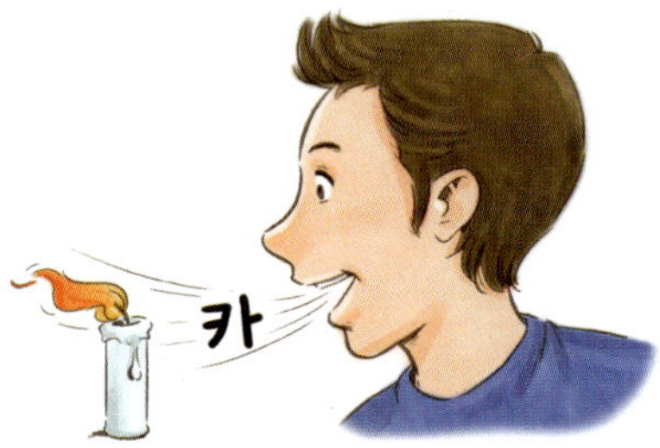

연습1 들어 보세요. Listen to the following. track 05

카 타 파 차

연습2 써 보세요. Combine the vowels and consonants below.

모음 / 자음	ㅏ	ㅓ	ㅗ	ㅜ	ㅡ	ㅣ
ㅋ	카					
ㅌ		터				
ㅍ			포			
ㅊ				추		

연습3 읽어 보세요. Read the following words.

카드 card

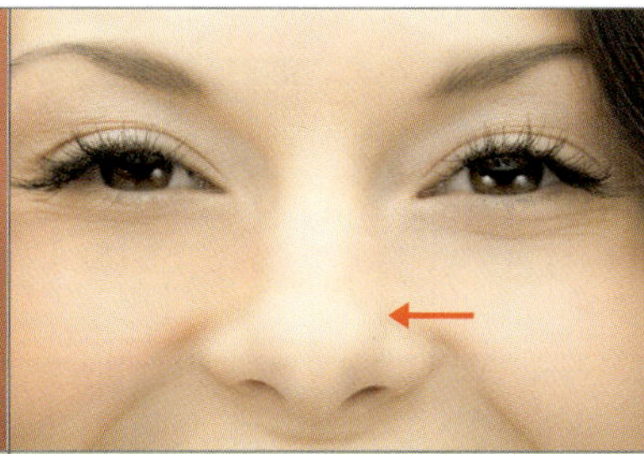
코 nose

키 height

타조 ostrich

토마토 tomato

투우사 bullfighter

파리 fly

포도 grape

우표 stamp

차 tea

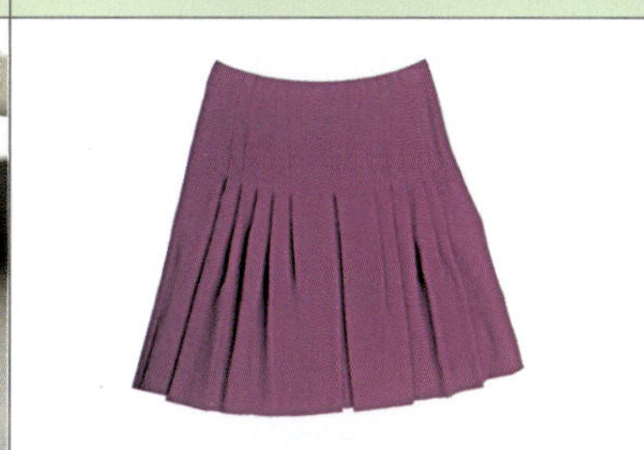
치마 skirt

고추 pepper

커피 coffee

코트 coat

기차표 train ticket

3. 자음 (3) Consonants (3)

글자 letter	ㄲ	ㄸ	ㅃ	ㅆ	ㅉ
음가 sound value	[k′]	[t′]	[p′]	[s′]	[tʃ′]
획순 writing order	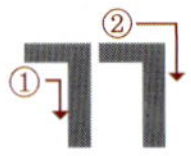	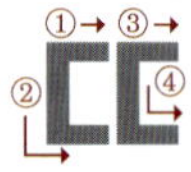	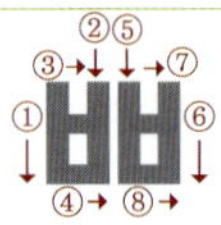	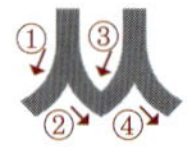	

tip 이 자음들은 [ㄱ, ㄷ, ㅂ, ㅅ, ㅈ] 소리를 내면서 턱을 당기고 목에 힘을 줘서 성대를 긴장시키면서 발음합니다.

These are tensed versions of [ㄱ, ㄷ, ㅂ, ㅅ, ㅈ]. These are pronounced with glottal tension, while pulling the chin sharply down.

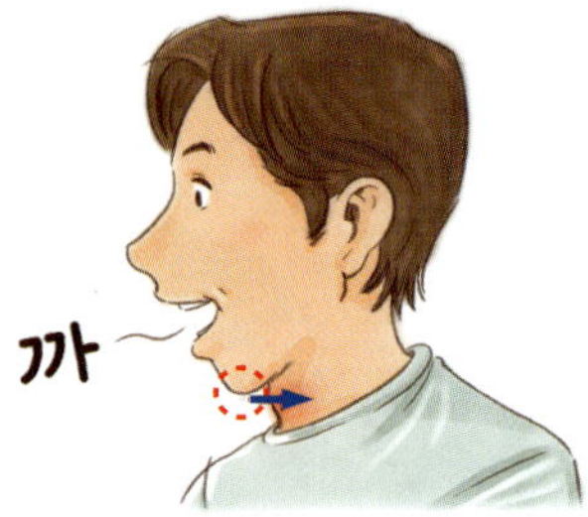

연습1 들어 보세요. Listen to the following. track 06

까 따 빠 싸 짜

연습2 써 보세요. Combine the vowels and consonants below.

자음 \ 모음	ㅏ	ㅓ	ㅗ	ㅜ	ㅡ	ㅣ
ㄲ	까					
ㄸ		떠				
ㅃ			뽀			
ㅆ				쑤		
ㅉ					쯔	

연습3 읽어 보세요. Read the following words.

까치 magpie

꼬리 tail

코끼리 elephant

따다 to pick

뜨다 to float

머리띠 hairband

뿌리 root

뼈 bone

아빠 dad

싸다 to be cheap

쓰다 to write

아저씨 middle-aged man

짜다 to be salty

찌다 to steam

가짜 fake

한글 2 종합 연습 Hangeul 2 practice

1. 잘 듣고 들은 단어의 글자를 찾아서 ○표 하세요. track 07
Listen to the words. Find and circle the letter that you heard.

올림픽 수영 자유형 금메달리스트 **박태환!**

전에는 포기가 없다. 이번 올림픽을 대비하여 파도치는 바다에서도 연습을 게을리하지 않았다. 박태환의 코치 역시 조금은 상기된 얼굴로……. 오빠 부대를 몰고 다니는 박태환! 그의 사

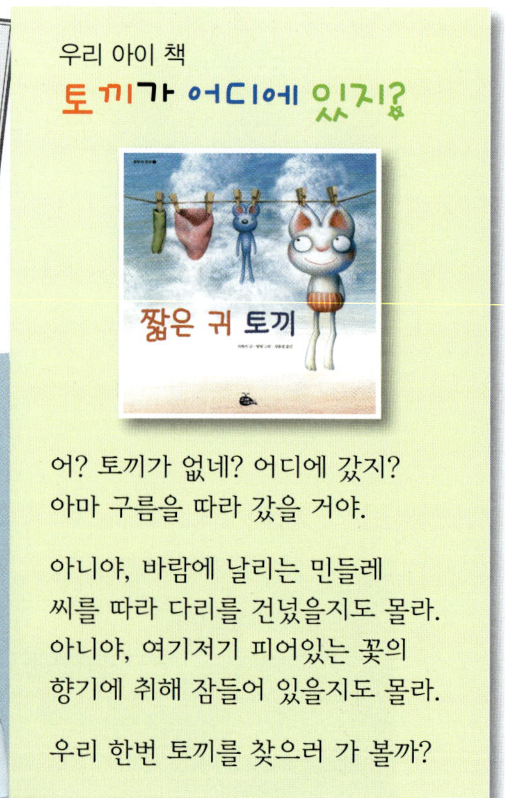
우리 아이 책
토끼가 어디에 있지?

짧은 귀 토끼

어? 토끼가 없네? 어디에 갔지?
아마 구름을 따라 갔을 거야.

아니야, 바람에 날리는 민들레
씨를 따라 다리를 건넜을지도 몰라.
아니야, 여기저기 피어있는 꽃의
향기에 취해 잠들어 있을지도 몰라.

우리 한번 토끼를 찾으러 가 볼까?

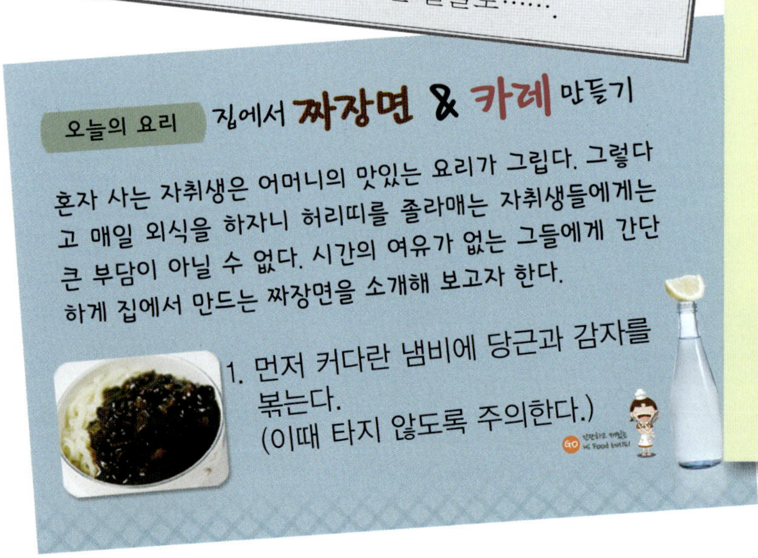
오늘의 요리 집에서 **짜장면 & 카레** 만들기

혼자 사는 자취생은 어머니의 맛있는 요리가 그립다. 그렇다고 매일 외식을 하자니 허리띠를 졸라매는 자취생들에게는 큰 부담이 아닐 수 없다. 시간의 여유가 없는 그들에게 간단하게 집에서 만드는 짜장면을 소개해 보고자 한다.

1. 먼저 커다란 냄비에 당근과 감자를 볶는다.
(이때 타지 않도록 주의한다.)

한글 3

1. 모음 (3) Vowels (3)

글자 letter	ㅐ	ㅔ	ㅒ	ㅖ	ㅘ	ㅝ	ㅙ	ㅞ	ㅚ	ㅟ	ㅢ
음가 sound value	[ɛ]	[e]	[yɛ]	[ye]	[wa]	[wə]	[wɛ]	[we]	[ö/we]	[ü/wi]	[ɰi]
획순 writing order	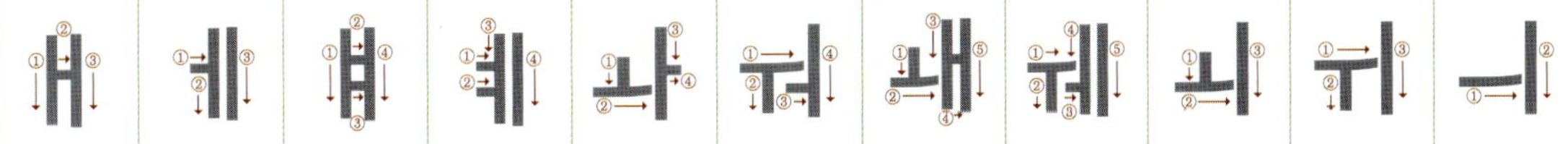										

연습1 들어 보세요. Listen to the following. track 08

애 에 얘 예 와 워 왜 웨 외 위 의

연습2 써 보세요. Write the following.

애	애						
에	에						
얘	얘						
예	예						
와	와						
워	워						
왜	왜						
웨	웨						
외	외						
위	위						
의	의						

연습3 읽어 보세요. Read the following words.

개미 ant

배 ship

새 bird

해 sun

게 crab

세수 washing one's face

그네 swing

카메라 camera

얘기 talk

예쁘다 to be pretty

서예 calligraphy

시계 clock

과자 snack food

와이셔츠 dress shirt

화가 painter

사과 apple

뭐 what

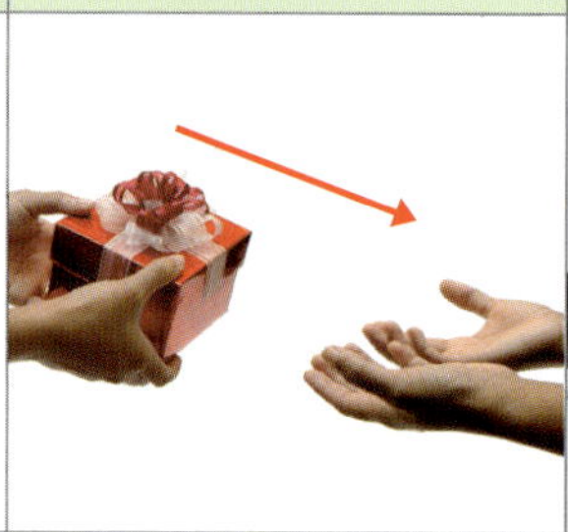
줘요 to give

더워요 to be hot

추워요 to be cold

돼지 pig

왜 why

웨이터 waiter

스웨터 sweater

쇠고기 beef

외우다 to memorize

회사 company

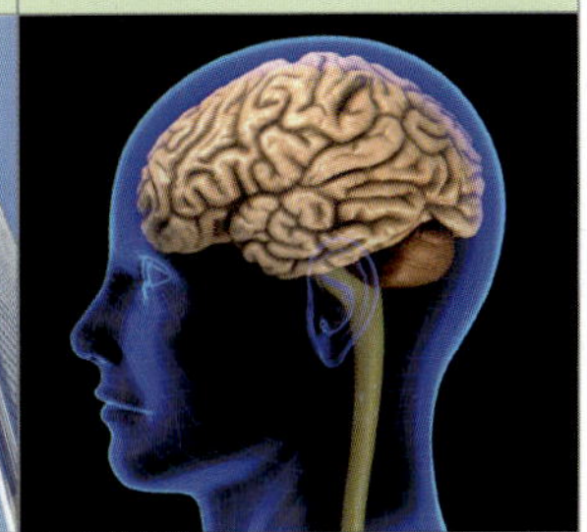

두뇌 brain

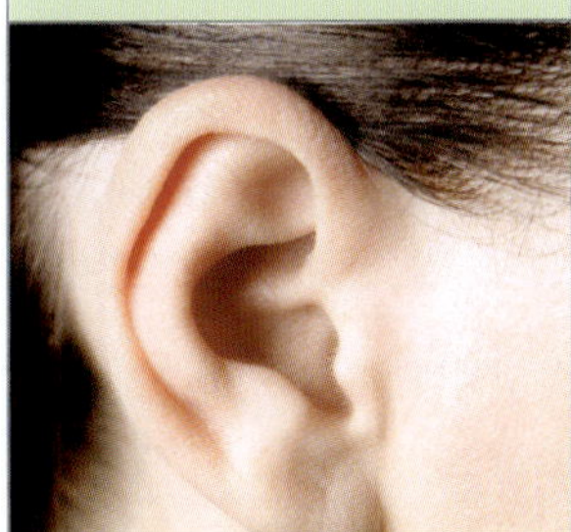

귀 ear

쉬다 to rest

쥐 mouse

가위 scissors

의사 doctor

의자 chair

여의도 Yeoui Island

회의 meeting

2. 받침 Batchim (Syllable-final consonants)

받침	ㄱ, ㅋ, ㄲ	ㄴ	ㄷ, ㅌ, ㅅ, ㅆ, ㅈ, ㅊ, ㅎ	ㄹ	ㅁ	ㅂ, ㅍ	ㅇ
음가 sound value	[k˺]	[n]	[t˺]	[l]	[m]	[p˺]	[ŋ]
받침의 위치 Batchim location	악, 앜, 앆	안	앋, 앝, 앗, 았, 앚, 앛, 앟	알	암	압, 앞	앙

연습1 들어 보세요. Listen to the following words. track 09

[k˺] 벽 부엌 밖

[n] 눈

[t˺] 곧 밑 옷 낮 꽃 히읗

[l] 달

[m] 곰

[p˺] 집 잎

[ŋ] 방

연습2 써 보세요. Write the following words.

벼 + ㄱ	바 + ㄲ	누 + ㄴ	사 + ㄴ
벽		눈	
	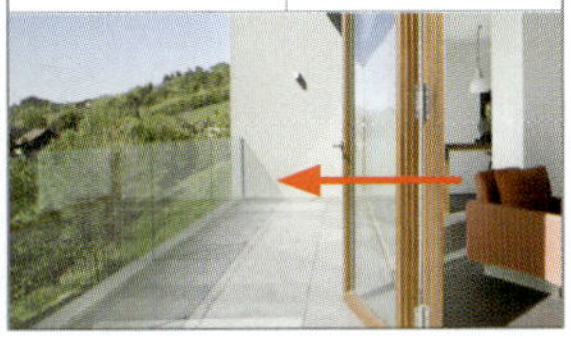	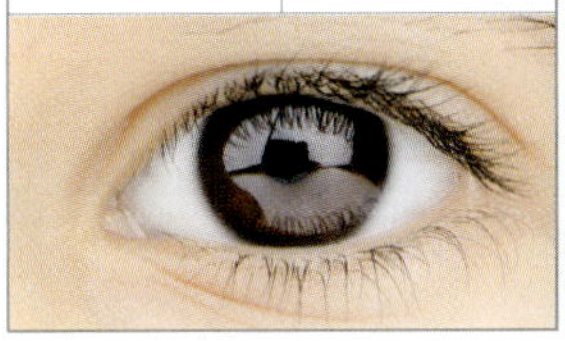	

미 + ㅌ	오 + ㅅ	나 + ㅈ	꼬 + ㅊ
밑		낮	

다 + ㄹ	무 + ㄹ	고 + ㅁ	사 + ㅁ
달		곰	
			3

지 + ㅂ	수 + ㅍ	고 + ㅇ	바 + ㅇ
집		공	

연습3 읽어 보세요. Read the following words.

수박 watermelon	책 book	부엌 kitchen	밖 outside

돈 money	레몬 lemon	신문 newspaper	우산 umbrella

곧 soon	밑 bottom	빗 comb	옷 clothes
			ㅎ
낮 daytime	꽃 flower	빛 light	히읗 Hieut

딸기 strawberry

물 water

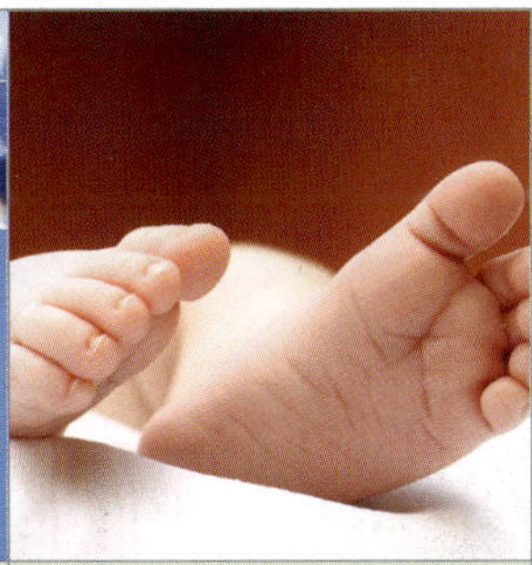

발 foot

연필 pencil

곰 bear

남자 man

엄마 mom

컴퓨터 computer

밥 steamed rice

입 mouth

무릎 knee

숲 forest

가방 bag

공 ball

냉장고 refrigerator

창문 window

한글 3 종합 연습 Hangeul 3 Practice

1. 친구와 같이 읽어 보세요. Read the following signs with your partner.

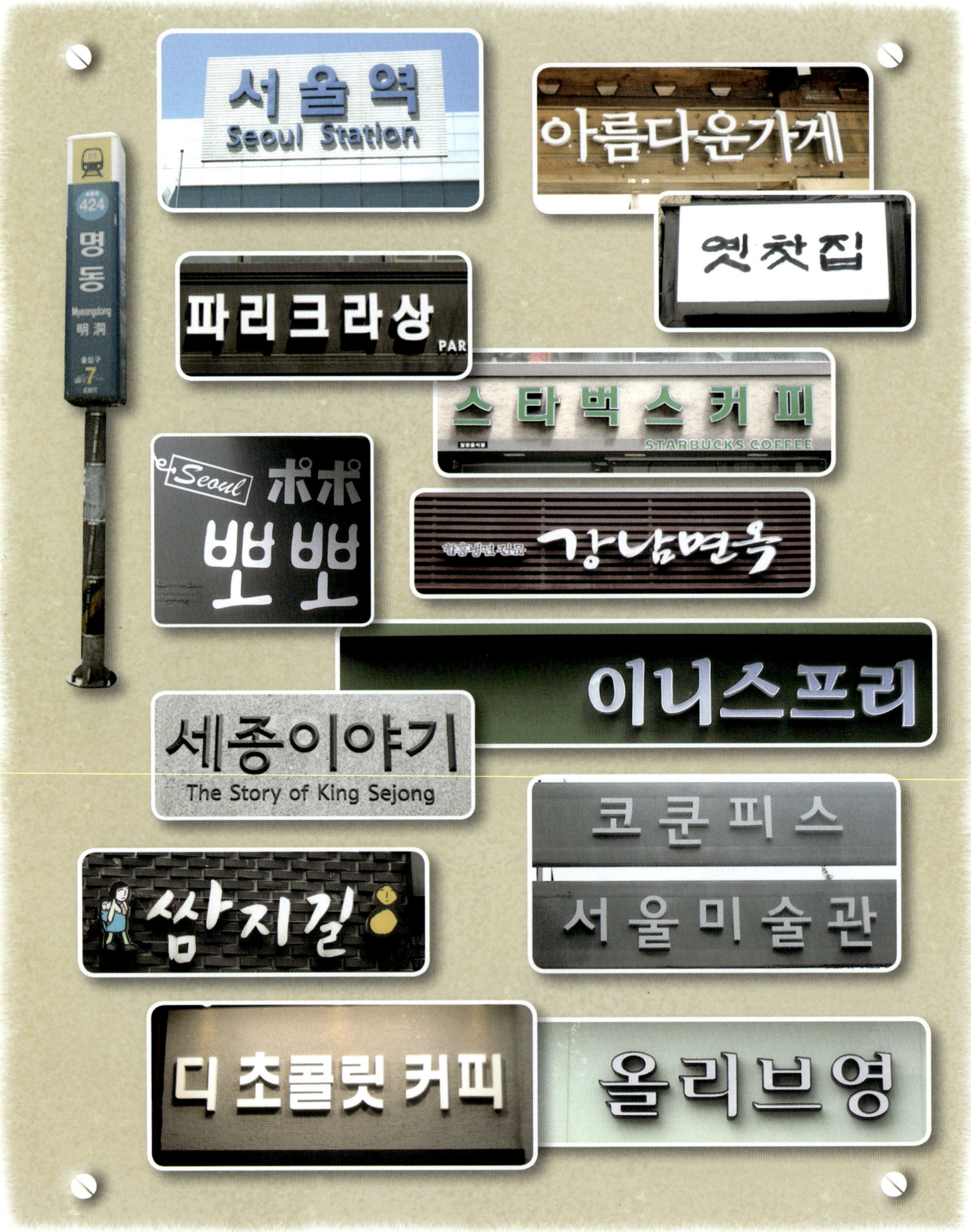

2. 거리에 있는 간판을 읽어 보고, 그중에 세 개를 써 오세요.
Write down three signs that you can read.

1. ______________________________

2. ______________________________

3. ______________________________

1 안녕하세요?

Hello

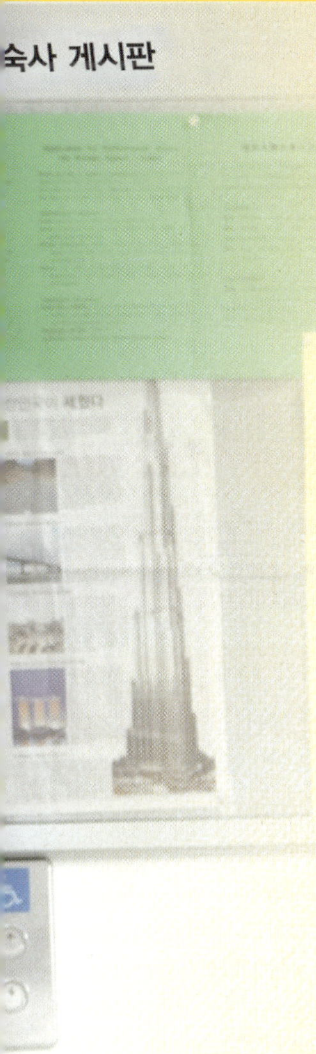

학 습 목 표

어 휘
- 국적
  Nationality
- 직업
  Occupation

문법과 표현 1
- 인사말
- N은/는 N이에요/예요

말하기 1
- 비격식적인 상황에서 자기소개하기
  Introducing oneself in an informal setting

문법과 표현 2
- N입니까?, N입니다
- N이/가 아닙니다

말하기 2
- 격식적인 상황에서 자기소개하기
  Introducing oneself in a formal setting

듣고 말하기
- 국적에 대한 짧은 대화 듣기
  Listening to the short conversations about nationality
- 국적과 직업에 대한 대화 듣기
  Listening to a conversation about nationality and occupation
- 명함 주고받으며 인사하기
  Greeting and exchanging name cards

읽고 쓰기
- 자기소개하는 글 읽기
  Reading a self-introduction
- 블로그에 자기소개하는 글 쓰기
  Writing your self-introduction for a blog

과 제
- 공항에서 사람 찾기
  Finding a person at the airport

문화 산책
- 인사법
  Greeting etiquette in Korea

발 음
- 평서문과 의문문의 억양
  Intonation of statements and questions

어 휘 Vocabulary

1. 어느 나라 사람이에요? 알맞은 단어를 연결하세요.
   Where are they from? Match each person with the name of a country.

중국 일본 미국 한국 프랑스 독일 호주 영국

2. 빈칸에 알맞은 단어를 쓰세요.
   Write the word under the correct picture.

~~선생님~~
학생
의사
회사원
요리사
기자
가수
군인

선생님

____

____

____

____

____

____

____

문법과 표현 1 Grammar and Expression 1

1. 인사말

track 10

A 안녕하세요?

B 안녕하세요?

A 만나서 반가워요.

B 반가워요.

예
- 만나서 반가워요. – 만나서 반가워요.
- 반가워요. – 만나서 반가워요.

A 안녕히 계세요.

B 안녕히 가세요.

예
- 안녕히 가세요. – 안녕히 가세요.
- 안녕히 가세요. – 안녕히 계세요.

연습1 한국말로 인사해 보세요.
Exchange greetings in Korean.

안녕하세요 hello (만나서) 반가워요 nice to meet you 안녕히 계세요 goodbye 안녕히 가세요 goodbye

2. N은/는 N이에요/예요

track 11

저는 유진이에요.

예

- 저는 유진이에요.
- 스티븐은 미국 사람이에요.

- 저는 나나**예요**.
- 스티븐은 학생**이에요**.
- 샤오밍 씨는 중국 사람**이에요**? – 네, 저는 중국 사람**이에요**.

받침 × + 는
받침 ○ + 은

받침 × + 예요
받침 ○ + 이에요

연습1 그림을 보고 [보기]와 같이 이야기해 보세요.
Create a dialogue for each picture as shown in the example.

보 기

나나 / 중국 사람 / 학생

나나 씨는 중국 사람이에요?

저는 나나예요.

네, 저는 중국 사람이에요.
학생이에요.

1) 

스티븐 / 미국 사람 / 학생

2) 

지연 / 한국 사람 / 주부

3) 

마리아 / 독일 사람 / 의사

4) 

마이클 / 영국 사람 / 기자

5) 

아키라 / 일본 사람 / 회사원

6) 

______ / _____ 사람 / ______

저 I　씨 Mr. / Mrs. / Miss　네 yes　주부 housewife

말하기 1 Speaking 1

track 12

나 나　안녕하세요? 저는 나나예요.

마이클　안녕하세요? 저는 마이클이에요.

나 나　만나서 반가워요, 마이클 씨.

마이클　반가워요. 나나 씨는 어느 나라 사람이에요?

나 나　저는 중국 사람이에요.

연습1 친구와 연습해 보세요.
Practice with your partner.

1) 나나 / 중국 사람　2) 마리코 / 일본 사람　3) 니콜 / 캐나다 사람　4) 마리아 / 독일 사람

연습2 한국말로 인사하고 이야기해 보세요.
Greet each other in Korean and practice conversations as shown in the example.

안녕하세요?
저는 마이클이에요.

마이클 씨는 어느 나라 사람이에요?

저는 영국 사람이에요.
만나서 반가워요.

- **국적을 물을 때**
When asking someone's nationality

나나 씨는 어느 나라 사람이에요?
나나 씨는 어디에서 왔어요?

- **국적을 말할 때**
When telling one's nationality

저는 중국 사람이에요.
저는 중국에서 왔어요.

어느 which　나라 country　캐나다 Canada

문법과 표현 2 Grammar and Expression 2

1. N입니까?, N입니다

track 13

A 스티븐 씨는 미국 사람입니까?

B 네, 저는 미국 사람입니다.

예

- 스티븐 씨는 학생**입니까**? – 네, 저는 학생**입니다**.
- 저는 최정우**입니다**.

연습1 그림을 보고 [보기]와 같이 이야기해 보세요.
Create a dialogue for each picture as shown in the example.

보 기

만나서 반갑습니다.
저는 마리코입니다.

반갑습니다, 마리코 씨.
마리코 씨는 일본 사람입니까?

네, 저는 일본 사람입니다.

마리코 / 일본 사람

1) 

줄리앙 / 프랑스 사람

2) 

카말 / 인도 사람

3) 

켈리 / 호주 사람

4) 

알렉스 / 군인

5) 

저스틴 / 가수

6) 

______ / ______

(만나서) 반갑습니다 nice to meet you (in a formal setting) 인도 India

2. N이/가 아닙니다

track 14

A 마이클 씨는 미국 사람입니까?

B 아니요, 저는 미국 사람이 아닙니다.

예

- 마이클 씨는 의사**가 아닙니다.**
- 저는 학생**이 아닙니다.**
- 한국 사람입니까? – 아니요, 한국 사람**이 아닙니다.**

받침 × + 가
받침 ○ + 이

연습1 그림을 보고 [보기]와 같이 이야기해 보세요.
Create a dialogue for each picture as shown in the example.

보 기

- 이름 : 마이클
- 국적 : 영국
- 직업 : 기자

No. 01101745

마이클은 미국 사람입니까?

아니요, 미국 사람이 아닙니다. 영국 사람입니다.

마이클은 선생님입니까?

아니요, 선생님이 아닙니다. 기자입니다.

1)

- 이름 : 나나
- 국적 : 중국
- 직업 : 학생

No. 01161805

2)

- 이름 : 아키라
- 국적 : 일본
- 직업 : 회사원

No. 04101793

3)

- 이름 :
- 국적 :
- 직업 :

No. 04101793

아니요 no

말하기 2 Speaking 2

track 15

마이클　여러분, 만나서 반갑습니다.
　　　　저는 마이클입니다.
켈　리　안녕하세요? 마이클 씨는 미국 사람입니까?
마이클　아니요, 저는 미국 사람이 아닙니다. 영국 사람입니다.
켈　리　아, 네. 직업은 무엇입니까?
마이클　기자입니다.

반갑습니다
[반갑씀니다]
무엇입니까
[무어심니까]

연습1 친구와 연습해 보세요.
Practice with your partner.

1)	2)	3)	4)
마이클	나나	마리아	하산
미국 사람	일본 사람	러시아 사람	인도 사람
영국 사람	중국 사람	독일 사람	파키스탄 사람
기자	학생	의사	회사원

연습2 친구들과 선생님 앞에서 자기소개를 해 보세요.
Introduce yourself to the class.

여러분, 만나서 반갑습니다.
저는 _______입니다.
저는 _______ 사람입니다.
직업은 _______입니다.

여러분 everyone　직업 job　무엇 what　러시아 Russia　파키스탄 Pakistan

듣고 말하기 Listening and Speaking

준비 여러분은 어느 나라 사람이에요? 여러분 친구는 어느 나라 사람이에요?
Where are you from? Where is your friend from?

듣기1 잘 듣고 연결하세요. track 16
Listen carefully and match each person with the correct nationality.

1) 유진 • 　　　• ① 

2) 마이클 • 　　　• ② 

3) 나나 • 　　　• ③ 

4) 아키라 • 　　　• ④ 

준비 명함입니다. 알맞게 연결해 보세요.
This is a name card. Match each part with the correct category.

[명함]

- ○ 이름
- ○ 전화번호
- ○ 직업

듣기2 잘 듣고 맞는 것을 고르세요. track 17
Listen carefully and choose the correct statement.

① 니콜은 영어 선생님입니다.
② 니콜은 미국 사람입니다.

말하기 명함을 주고받으며 이야기해 보세요. (명함 → p.206)
Exchange name cards and practice the conversations.

안녕하세요?	
저는 ________입니다.	김준석
어느 나라 사람입니까?	한국
선생님입니까?	×, 기자
만나서 반갑습니다.	
안녕히 가세요. / 안녕히 계세요.	

명함 name card 이름 name 전화번호 telephone number 영어 English

읽고 쓰기 Reading and Writing

준비 무엇입니까? What are they?

읽기 다음을 읽고 질문에 답하세요.
Read the blog and answer the following questions.

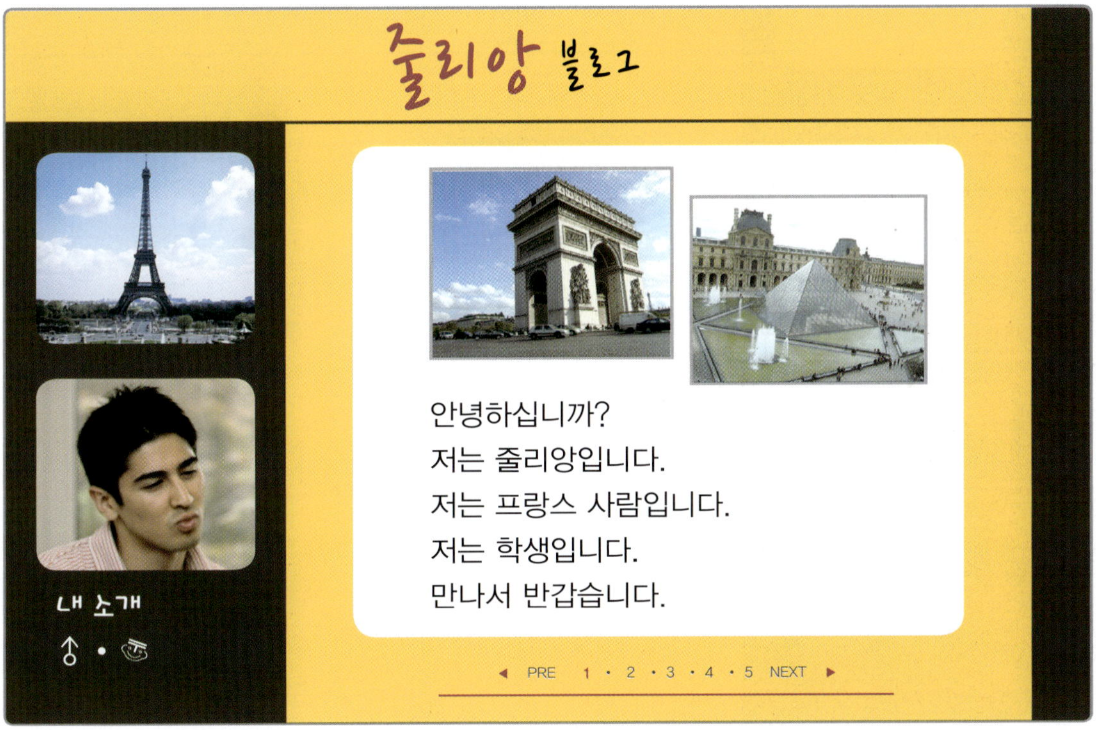

1) 줄리앙의 직업은 무엇입니까?

①  ②  ③ 

2) 맞는 것을 고르세요.

① 줄리앙은 프랑스 사람이 아닙니다.

② 줄리앙은 학생입니다.

안녕하십니까 hello (in a formal setting)

쓰기 자기소개를 쓰세요.
Write a self-introduction for a blog.

______ 블로그

내 소개

◀ PRE 1 · 2 · 3 · 4 · 5 NEXT ▶

과제 Task

사람을 찾으세요. Find a person.

선생님께 카드를 받으세요. (카드 → p.207)
You will receive a card from your teacher.

A팀

이름 : 마이클
국적 :
직업 :

B팀

이름 : 마이클
국적 : 영국
직업 : 기자

A팀 학생은 카드에 있는 이름을 가진 사람을 찾아 질문해 보세요. B팀 학생은 카드를 보고 질문에 대답해 보세요.
Students in team A will attempt to find the person named on the card by asking questions. Students in team B will answer the questions from their card.

마이클 씨입니까?

아니요, 저는 마이클이 아닙니다.

마이클 씨입니까?

네, 마이클입니다.

어느 나라 사람입니까?

영국 사람입니다.

직업은 무엇입니까?

기자입니다.

그 사람을 소개해 보세요.
Introduce the person you found to the class.

국적 nationality

문화 산책 Culture Note

준비 여러분 나라의 인사말은 무엇입니까?
How do people greet each other in your country?

Hello! Bonjour. 你好. こんにちは。 ¿Cómo estás?

알아보기

1)

2)

3)

생각 나누기 여러분 나라의 인사법으로 서로 인사해 보세요.
Greet each other the way you would in your own country.

발음 Pronunciation

준비 들어 보세요. track 18
Listen to the following.

1) 가수예요.
2) 가수예요?

규칙 평서문은 끝을 내리고, 의문문은 끝을 올립니다.
Statements have a falling intonation. Questions have a rising intonation.

예] 나나 씨는 중국 사람이에요?
– 네, 나나 씨는 중국 사람이에요.

예] 마리아 씨는 의사예요?
– 네, 의사예요.

연습 잘 듣고 따라 해 보세요. track 19
Listen carefully and repeat the following sentences.

1) 저는 최정우예요.
2) 마리코 씨는 일본 사람이에요?
3) A 안녕하세요? 저는 스티븐이에요.
   B 저는 켈리예요.
4) A 아키라 씨는 회사원이에요?
   B 네, 저는 회사원이에요.

자기 평가 Self-Check

1. 아는 단어에 ✓ 하세요.
Check all the words that you know.

- [ ] 한국
- [ ] 미국
- [ ] 중국
- [ ] 일본 사람
- [ ] 호주 사람
- [ ] 영국 사람
- [ ] 선생님
- [ ] 학생
- [ ] 회사원

2. 알맞은 것을 골라 문장을 완성하세요.
Fill in each blank with the correct particle.

은　　　는　　　이　　　가

1) 민수 씨(　　　) 기자(　　　) 아닙니다.

2) A 마이클(　　　) 미국 사람입니까?
　B 아니요, 미국 사람(　　　) 아닙니다. 영국 사람입니다.

3. 그림을 보고 문장을 완성하세요.
Look at the pictures and complete each sentence.

1) A ________________.
　B 안녕히 가세요.

2) 니콜 씨는 ______________.

3) A 중국 사람입니까?
　B 아니요, ________________.
　________________.

정답
2. 1) 는, 가 2) 은, 이　3. 1) 안녕히 계세요 2) 선생님이에요 / 선생님입니다 3) 중국 사람이 아닙니다, 일본 사람입니다

번 역 Translation

어휘

독일 – 독일 사람	Germany - German	가수	singer
미국 – 미국 사람	America - American	군인	military personnel
영국 – 영국 사람	Britain - British	기자	reporter
일본 – 일본 사람	Japan - Japanese	선생님	teacher
중국 – 중국 사람	China - Chinese	요리사	cook
프랑스 – 프랑스 사람	France - French	의사	doctor
한국 – 한국 사람	Korea - Korean	학생	student
호주 – 호주 사람	Australia - Australian	회사원	company employee

말하기 1

Nana Hello, I am Nana.

Michael Hello, I am Michael.

Nana Nice to meet you, Michael.

Michael Nice to meet you. What country are you from, Nana?

Nana I am Chinese.

말하기 2

Michael Nice to meet you, everyone. I am Michael.

Kelly Hello. Are you American, Michael?

Michael No, I am not American. I am British.

Kelly Oh, I see. What's your job?

Michael I am a reporter.

2 이거는 뭐예요?

What is this?

학 습 목 표

어 휘
- 학용품
  School supplies
- 일상 생활용품
  Daily goods

문법과 표현 1
- N이/가 있어요[없어요]
- 이거는[그거는, 저거는] N이에요/예요

말하기 1
- 사물 이름 묻고 답하기
  Talking about the names of items.

문법과 표현 2
- N 주세요
- N하고 N, N과/와 N

말하기 2
- 가게에서 원하는 물건 요구하기
  Requesting items in the shop

듣고 말하기
- 사물의 이름 묻고 답하는 대화 듣기
  Listening to the names of items
- 물건 구입하는 대화 듣기
  Listening to a conversation about shopping
- 물건 구입하는 대화하기
  Conversing about a purchase

읽고 쓰기
- 방 소개하는 게시판 글 읽기
  Reading a blog about a room
- 방 소개하는 글 쓰기
  Writing a blog about your room

과 제
- 교실에 있는 물건 이름 알아보기
  Identifying the names of items in the classroom

문화 산책
- 한국에만 있는 물건
  Special Korean items

발 음
- '예'의 발음
  Pronunciation of '예'

어 휘 Vocabulary

1. 알맞은 단어를 연결하세요.
   Match each word with the correct picture.

책상	의자	책	공책

볼펜	연필	가방	지우개

2. 빈칸에 알맞은 단어를 쓰세요.
   Write the name of each item in the correct box.

시계
모자
우산
신문
~~카메라~~
사전
안경
휴대폰

문법과 표현 1 Grammar and Expression 1

1. N이/가 있어요[없어요]

track 20

A 우산이 있어요?

B 아니요, 없어요.

받침 × + 가
받침 ○ + 이

예

• 남자 친구**가 있어요**.

• 남자 친구**가 없어요**.

• 우산**이 있어요**.

• 우산**이 없어요**.

연습1 [보기]와 같이 친구와 이야기해 보세요.
Ask each other questions and respond as shown in the example.

보 기

1) 차 2) 휴대폰 3) 한국어 사전 4) 한국 친구 5) 남자 친구 / 여자 친구

남자 친구 boyfriend 동전 coin 차 car 한국어 Korean 친구 friend 여자 친구 girlfriend

2. 이거는[그거는, 저거는] N이에요/예요

track 21

A 이거는 뭐예요?

B 사전이에요.

예

- 이거는 모자**예요**.
- 저거는 창문**이에요**.
- 그거는 한국 지도**예요**? – 아니요, 영국 지도**예요**.

뭐 what 창문 window 지도 map

연습1 활동지 A, B를 보고 이야기해 보세요. (활동지 B → p. 208)

Using activity sheets A & B, ask each other questions and fill in the blanks.

[활동지 A]

이거는[그거는, 저거는] 뭐예요?

이거는[그거는, 저거는] ________이에요/예요.

① ________

② 필통

③ 창문

④ ________

⑤ ________

⑥ 사전

말하기 1 Speaking 1

track 22

스 티 븐	전자사전 있어요?
아주머니	아니요, 없어요.
스 티 븐	이거는 한국어로 뭐예요?
아주머니	자예요.
스 티 븐	저거는 연필이에요?
아주머니	아니요, 볼펜이에요.

없어요
[업써요]

연습1 친구와 연습해 보세요. Practice with your partner.

1)	2)	3)	4)
전자사전	지도	신문	우산
자	필통	잡지	지우개
연필	책	책	가방
볼펜	사전	공책	지갑

연습2 친구에게 모르는 단어를 물어보세요.
Ask your classmates how to say the names of items that you don't know in Korean.

이거는[그거는, 저거는] 한국어로 뭐예요?

__________이에요/예요.

새로 알게 된 단어를 쓰세요. Write the words that you learned from your classmates.

1) __________ 2) __________ 3) __________ 4) __________

전자사전 electronic dictionary 한국어로 in Korean 자 ruler 필통 pencil case 잡지 magazine 지갑 wallet

문법과 표현 2 Grammar and Expression 2

1. N 주세요

track 23

A 책 주세요.
B 여기 있어요.

예
- 커피 주세요.
- 신문 좀 주세요.

연습1 [보기]와 같이 친구에게 물건을 빌려 보세요.
Borrow and lend items as shown in the example.

보 기

여기 있어요 here you are　커피 coffee　좀 please

2. N하고 N, N과/와 N

track 24

A 지우개하고 연필 주세요.

B 네, 여기 있어요.

예

- 콜라**하고** 주스가 있어요.
- 볼펜**하고** 공책 주세요.

- 지우개**와** 연필이 있어요.
- 학생**과** 선생님입니다.

받침 × + 와
받침 ○ + 과

연습1 그림을 보고 [보기]와 같이 이야기해 보세요.
Look at the pictures. Ask each other questions, and respond as shown in the example.

보 기

마리코 씨, 전자사전 있어요?

네, 있어요.

마리코 씨, 카메라 있어요?

아니요, 없어요.

친구 이름	전자사전	카메라	우산	교통카드	휴지	물	휴대폰	지우개
마리코	○	×	×	○	○	×	×	×

마리코 씨는 전자사전하고 교통카드하고 휴지가 있어요.
카메라하고 우산이 없어요.

콜라 cola　주스 juice　교통카드 transportation card　휴지 tissue　물 water

말하기 2 Speaking 2

track 25

아주머니	어서 오세요.
줄 리 앙	신문 있어요?
아주머니	네, 있어요.
	한국신문하고 나라신문이 있어요.
줄 리 앙	한국신문 주세요.
아주머니	여기 있어요.

연습1 친구와 이야기해 보세요.
Practice with your partner.

1)	2)	3)	4)
신문	주스	잡지	우유
한국신문 / 나라신문	사과 주스 / 오렌지 주스	영화 잡지 / 컴퓨터 잡지	바나나 우유 / 딸기 우유
한국신문	사과 주스	영화 잡지	바나나 우유

연습2 그림을 보고 [보기]와 같이 이야기해 보세요.
Look at the pictures and practice the conversations with a partner as shown in the example.

보 기

어서 오세요 come in 사과 apple 오렌지 orange 영화 movie 컴퓨터 computer 우유 milk 바나나 banana 딸기 strawberry

듣고 말하기 Listening and Speaking

준비 이거는 뭐예요? What is this?

1) 

2) 

3) 

4) 

5) 

모자	텔레비전	의자	책상	휴대폰

듣기1 잘 듣고 연결하세요. track 26
Listen carefully and match with the correct picture.

1) • • ① 

2) • • ② 

3) • • ③ 

4) • • ④ 

텔레비전 television

준비 여러분은 사전이 있어요? Do you have a dictionary?

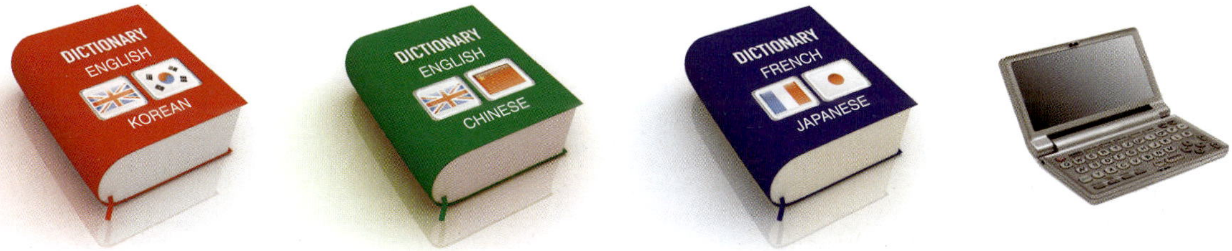

듣기2 잘 듣고 맞는 것을 고르세요. track 27

Listen carefully and choose the correct answer.

1)

①

②

③

2) 뭐가 있어요? 모두 고르세요.

①

②

③

말하기 그림을 보면서 점원과 손님이 되어 이야기해 보세요.
Take the role of a sales clerk or a customer, and practice the dialogues using the pictures below.

신문 있어요?

네, 있어요.

이거는 뭐예요?

잡지예요.

저거는 책이에요?

아니요, 사전이에요.

______________ 주세요.

여기 있어요.

읽고 쓰기 Reading and Writing

준비 여러분 방에는 무엇이 있어요? What is in your room?

읽기 다음을 읽고 질문에 답하세요.
Read the passage and answer the following questions.

Home | profile | board | setting

스티븐 블로그

제 방이에요.

스티븐 20××. 10. 06.

안녕하세요?
저는 스티븐이에요.
서울대학교 학생이에요.

제 방이에요.
침대와 책상, 의자가 있어요.
컴퓨터가 있어요.
텔레비전과 냉장고는 없어요.

저는 룸메이트가 있어요.
제 룸메이트는 한국 사람이에요.
이름은 최정우예요.
정우는 여자 친구가 없어요.

◀ 1•2•3•4•5 ▶

1) 뭐가 있어요? 모두 고르세요.

① 
② 
③ 
④ 
⑤ 

2) 맞는 것을 고르세요.

① 스티븐은 룸메이트가 있어요.

② 스티븐은 여자 친구가 없어요.

서울대학교 Seoul National University　제 my　방 room　침대 bed　냉장고 refrigerator　룸메이트 roommate

쓰기 여러분 방에 무엇이 있는지 ✓ 하세요. 그리고 방을 소개하는 글을 써 보세요.

Check all the items you have in your room, and write a passage about your room.

☐ 침대	☐ 컴퓨터	☐ 텔레비전
☐ 책상	☐ 의자	☐ 냉장고
☐ 에어컨	☐ ________	☐ ________

에어컨 air conditioner

과제 Task

교실에 있는 물건의 이름을 알아보세요. Identify the names of items in the classroom.

팀을 나누어 선생님께 종이를 받으세요. 그 종이에 교실에 있는 물건의 이름을 써서 그 물건에 붙이세요. Divide into teams and receive pieces of paper from your teacher. Write the names of items in your classroom on a piece of paper. Post the name directly on each item.

자기 팀이 붙인 종이를 떼어 내면서 다음과 같이 말해 보세요. 다른 팀이 잘못 말하는 경우 고쳐서 말하고 다른 팀의 종이를 가져오세요. Take your team's posts off the items as you ask each other questions and respond, as in the example below. Posts that are misspelled or misnamed can be taken and corrected by another team.

이거는 뭐예요?

책이에요.

그거는 뭐예요?

시계예요.

저거는 뭐예요?

책상이에요.

어느 팀이 종이를 많이 가지고 있어요? 이야기해 보세요.
Which team has more posts? Report this to the class.

우리는 '책'하고 '시계'하고 '책상'하고
……이/가 있어요.

우리 we

문화 산책 Culture Note

준비 한국에서 처음 보는 것이 있어요? 어떻게 물어봐요?
Is there something that you've seen for the first time in Korea? How do you ask what it is in Korean?

알아보기

1)
A 이거 뭐예요?
B 이거는 효자손이에요.

A '효자손'은 뭐예요?

2)
A 이거 뭐예요?
B 이거는 소반이에요.

A '소반'은 뭐예요?

3)
A 이거 뭐예요?
B 이거는 죽부인이에요.

A '죽부인'은 뭐예요?

생각 나누기 여러분 나라에만 있는 물건을 소개해 보세요.
Introduce a special item that is only found in your home country.

발음 Pronunciation

준비 들어 보세요. track 28
Listen to the following.

1) 뭐예요?
2) 시계

규칙 '예'는 'ㄱ, ㅍ, ㅎ'과 함께 쓰이면 보통 [게, 페, 헤]로 발음됩니다.
When 'ㄱ, ㅍ, ㅎ' combine with '예', the resulting syllables are pronounced as [게, 페, 헤].

예] 시계[시게] / 폐[페] / 지혜[지헤]

연습 잘 듣고 따라 해 보세요. track 29
Listen carefully and repeat the following sentences.

1) 저는 기자예요.
2) A 이거는 뭐예요?
   B 시계예요.
3) A 계란 있어요?
   B 아니요, 계란은 없어요.

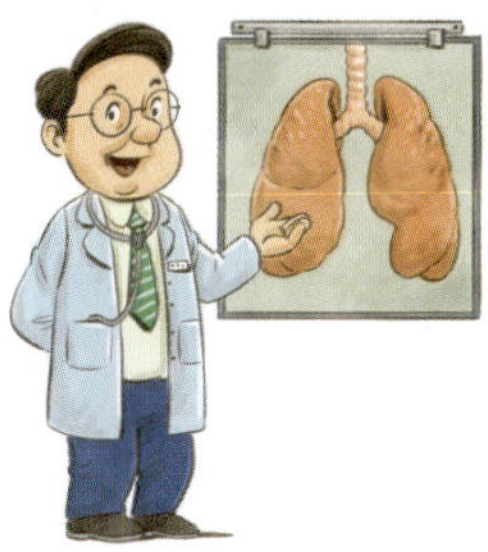

자기 평가 Self-Check

1. 아는 단어에 ✓ 하세요.
Check all the words that you know.

☐ 가방	☐ 공책	☐ 지우개
☐ 우산	☐ 사전	☐ 시계
☐ 지도	☐ 침대	☐ 냉장고

2. 알맞은 것을 골라 문장을 완성하세요.
Fill in each blank using the correct particle or word from the box.

은　　는　　하고　　있어요　　없어요

1) 볼펜(　　　　) 지우개 주세요.

2) A 우산 (　　　　)?
B 아니요, 없어요.

3. 그림을 보고 문장을 완성하세요.
Look at the pictures and complete each dialogue.

1) A ______________?
B 한국어 책이에요.

2) A ______________?
B 네, 가방이에요.

3) A 신문 있어요?
B 네, 있어요.
A 신문 ______________.

정답
2. 1) 하고 2) 있어요 3. 1) 이거는 뭐예요 2) 저거는 가방이에요 3) 주세요

번 역 Translation

어휘

가방	bag	모자	hat
공책	notebook	사전	dictionary
볼펜	ballpoint pen	시계	watch / clock
연필	pencil	신문	newspaper
의자	chair	안경	glasses
지우개	eraser	우산	umbrella
책	book	카메라	camera
책상	desk	휴대폰	cellular phone

말하기 1

Steven Do you have any electronic dictionaries?

Saleswoman No, we don't have any.

Steven How do I say this in Korean?

Saleswoman It is called "Ja."

Steven Is that a pencil?

Saleswoman No, it is a ballpoint pen.

말하기 2

Saleswoman Welcome.

Julian Do you have any newspapers?

Saleswoman Yes, we do. We carry the Hankuk Newspaper and the Nara Newspaper.

Julian Please give me the Hankuk Newspaper.

Saleswoman Here you are.

3 한국어를 공부해요
I study Korean

학 습 목 표

어 휘
- 동사 1
  Verb 1
- 장소 1
  Place 1

문법과 표현 1
- V–아요/어요
- N을/를

말하기 1
- 현재 하는 일 묻고 답하기
  Talking about current activities

문법과 표현 2
- N에서
- 안 V

말하기 2
- 장소 묻고 답하기
  Talking about locations

듣고 말하기
- 일정에 대한 짧은 대화 듣기
  Listening to the short conversations about a schedule
- 일상생활에 대한 대화 듣기
  Listening to a conversation about daily life
- 오늘 일정에 대해 말하기
  Talking about today's schedule

읽고 쓰기
- 일정에 대한 문자 메시지 읽기
  Reading a text message about the schedule
- 친구에게 문자 메시지 쓰기
  Writing a text message to a friend

과 제
- 카드 보고 문장 만들기 게임
  Sentence making game

문화 산책
- 한국의 방 문화
  Rooms in Korea

발 음
- 연음
  Linking

어 휘 Vocabulary

1. 빈칸에 알맞은 번호를 쓰세요.
Write the number of each expression next to the matching picture.

① 자다
② 공부하다
③ 일하다
④ 운동하다
⑤ 숙제를 하다
⑥ 옷을 사다
⑦ 영화를 보다
⑧ 친구를 만나다
⑨ 태권도를 배우다
⑩ 밥을 먹다
⑪ 커피를 마시다
⑫ 책을 읽다

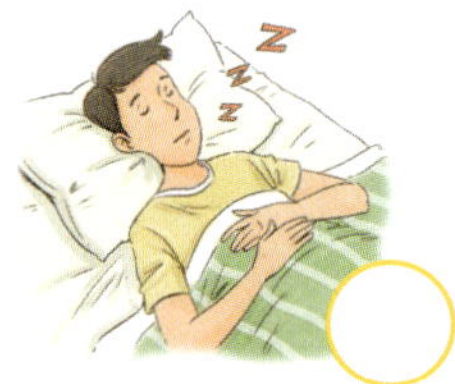

2. 빈칸에 알맞은 단어를 쓰세요.
Write the name of the place under each picture.

도서관 집 백화점 시장 공원 커피숍 극장 학교 식당 회사

문법과 표현 1 Grammar and Expression 1

1. V-아요/어요

track 30

A 공부해요?

B 네, 공부해요.

예

- 스티븐은 지금 **자요**.
- 뭐 **해요**? – 공부**해요**.
- 뭐 먹**어요**?

모음 ㅏ, ㅗ	+	-아요
하다	→	해요
모음 ㅓ, ㅜ, ㅣ…	+	-어요

연습1 그림을 보고 [보기]와 같이 이야기해 보세요.

Create a dialogue for each picture as shown in the example.

보 기

1) 

2) 

3) 

4) 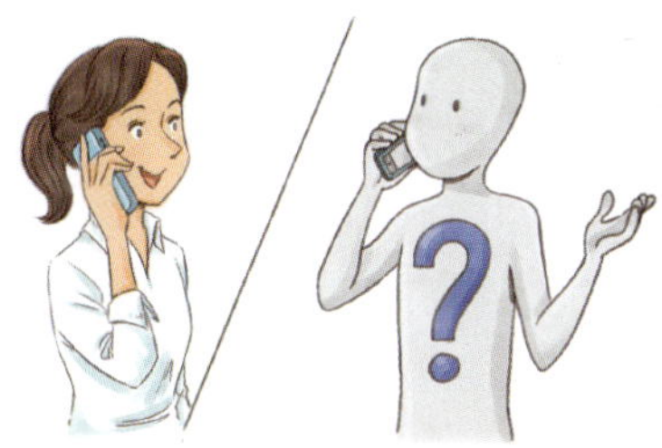

지금 now 하다 to do 쉬다 to take a rest

2. N을/를

track 31

A 지금 뭐 해요?
B 한국어를 공부해요.

예
- 저는 커피를 마셔요.
- 스티븐은 책을 읽어요.

받침 × + 를
받침 ○ + 을

연습1 그림을 보고 친구와 이야기해 보세요.
Create dialogues using the pictures and words as shown in the example.

보 기

○○ 씨, 지금 뭐 해요?

텔레비전을 봐요.

영화를 봐요.

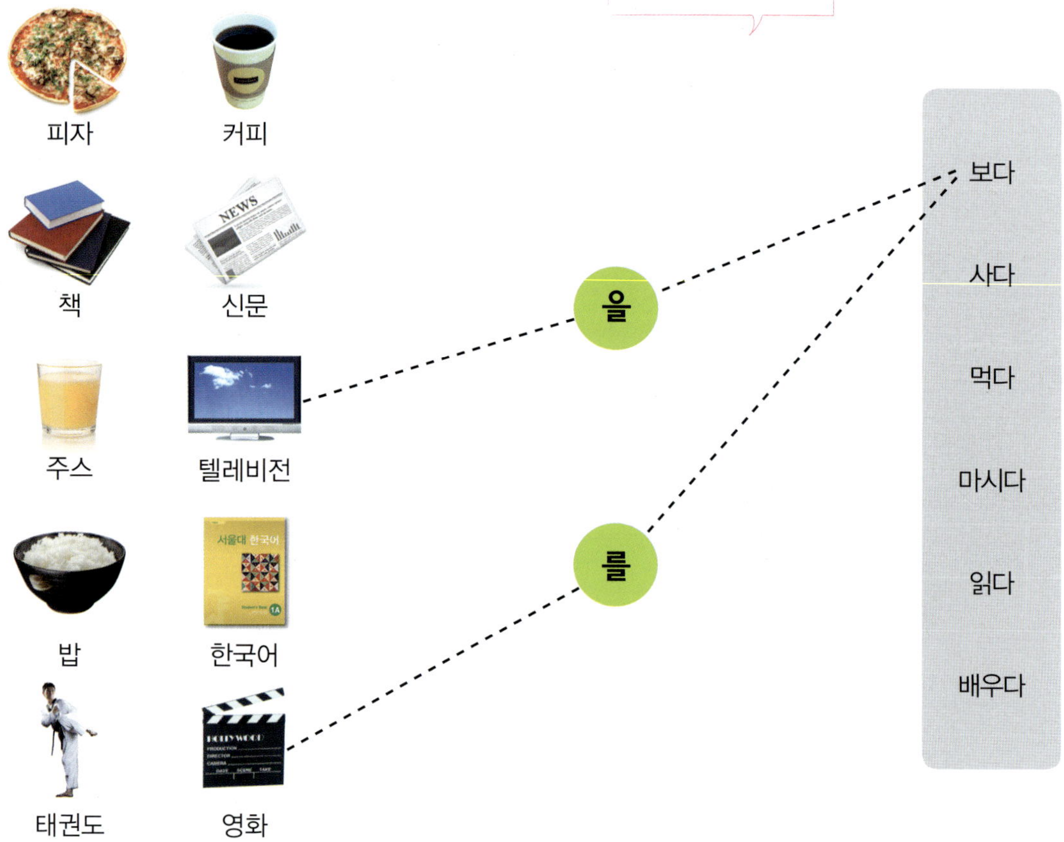

한국어 Korean 피자 pizza 보다 to see / to watch 사다 to buy 먹다 to eat 마시다 to drink 읽다 to read 배우다 to learn

말하기 1 Speaking 1

track 32

마리코 스티븐 씨, 지금 뭐 해요?
스티븐 공부해요. 마리코 씨는 뭐 해요?
마리코 저는 책을 읽어요.
스티븐 한국어 책을 읽어요?
마리코 아니요, 일본어 책을 읽어요.

읽어요
[일거요]

연습1 친구와 연습해 보세요. Practice with your partner.

1) 공부하다
책/읽다
한국어 책
일본어 책

2) 운동하다
영화/보다
일본 영화
미국 영화

3) 아르바이트하다
요리/배우다
한국 요리
프랑스 요리

4) 숙제를 하다
친구/만나다
일본 친구
한국 친구

연습2 친구와 이야기해 보세요. Interview your classmates.

○○ 씨,
오늘 뭐 해요?

운동해요.

그리고 뭐 해요?

________.

질문	친구 1	친구 2
오늘 뭐 해요?	운 동	
그리고 뭐 해요?		

일본어 Japanese 아르바이트하다 to work part-time 요리 cooking 만나다 to meet 오늘 today 그리고 and

문법과 표현 2 Grammar and Expression 2

1. N에서

track 33

A 어디에서 밥을 먹어요?

B 학생 식당에서 밥을 먹어요.

예

- 서울대학교**에서** 한국어를 공부해요.
- 극장**에서** 영화를 봐요.

연습1 그림을 보고 [보기]와 같이 이야기해 보세요.
Create a dialogue for each picture as shown in the example.

보 기

도서관

도서관에서 뭐 해요?

도서관에서 공부해요.

도서관에서 책을 읽어요.

도서관에서 자요.

1)

공원

2)

커피숍

3)

집

4)

?

____

어디 where

2. 안 V

track 34

A 자요?

B 아니요, 안 자요.

예

- 친구를 **안** 만나요.
- 히엔 씨는 고기를 **안** 먹어요.
- 공부해요? – 아니요, 공부 **안** 해요.

연습1 친구와 이야기해 보세요.

Ask each other questions and respond.

1)		커피를 마셔요?	네 ☐	아니요 ☐
2)		고기를 먹어요?	네 ☐	아니요 ☐
3)	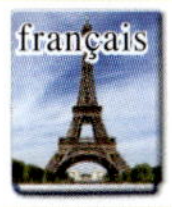	프랑스어를 공부해요?	네 ☐	아니요 ☐
4)		한국 드라마를 봐요?	네 ☐	아니요 ☐
5)		태권도를 배워요?	네 ☐	아니요 ☐
6)		운동해요?	네 ☐	아니요 ☐
7)		한국 신문을 읽어요?	네 ☐	아니요 ☐
8)	?	____________________?	네 ☐	아니요 ☐

고기 meat 프랑스어 French 드라마 TV drama

말하기 2 Speaking 2

track 35

스티븐 아키라 씨, 지금 뭐 해요?
아키라 공부해요.
스티븐 도서관에서 공부해요?
아키라 아니요, 도서관에서 공부 안 해요.
스티븐 그럼 어디에서 공부해요?
아키라 집에서 공부해요.

연습1 친구와 연습해 보세요. Practice with your partner.

1) 공부하다 / 도서관 / 집
2) 운동하다 / 스포츠 센터 / 공원
3) 옷을 사다 / 백화점 / 시장
4) 커피를 마시다 / 커피숍 / 집

연습2 친구와 이야기해 보세요. Interview your classmates.

질문	친구 1	친구 2	친구 3
1) 어디에서 차를 마셔요?			
2) 어디에서 숙제를 해요?			
3) 어디에서 친구를 만나요?			
4) 학생 식당에서 밥을 먹어요?			
5) 한국에서 일해요?			

그럼 then 스포츠 센터 sports center 차 tea

듣고 말하기 Listening and Speaking

준비 오늘 뭐 해요?
What are you doing today?

듣기1 잘 듣고 연결하세요. track 36
Listen carefully and match each person with the correct picture.

1) 스티븐 •

2) 나나 •

3) 아키라 •

4) 유진 •

• ①

• ②

• ③
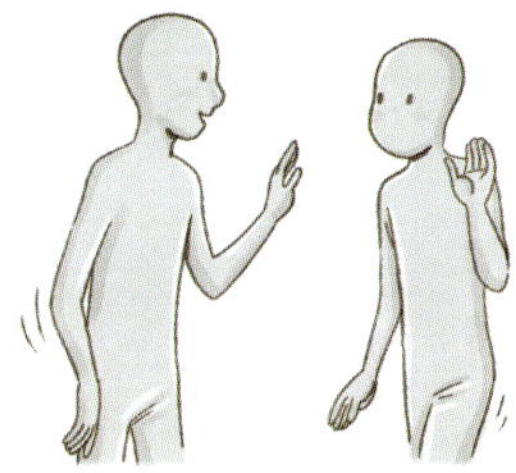

• ④

• ⑤

준비 여러분은 아르바이트해요? 어디에서 아르바이트해요?

Do you have a part-time job? Where do you work?

듣기2 잘 듣고 맞는 것을 고르세요. track 37

Listen carefully and choose the correct answer.

1) 마리코는 지금 뭐 해요?

①

②

③

2) 맞는 것을 고르세요.

① 줄리앙은 식당에서 밥을 먹어요.

② 줄리앙은 학교에서 프랑스어를 가르쳐요.

말하기 오늘 뭐 해요? 오늘 하는 일에 ✓ 하고 친구와 이야기해 보세요.

What are you doing today? Check your answer, then ask your classmate.

1) 오늘 친구를 만나요?	네 ☐	아니요 ☐
2) 오늘 영화를 봐요?	네 ☐	아니요 ☐
3) 오늘 옷을 사요?	네 ☐	아니요 ☐
4) 오늘 공부해요?	네 ☐	아니요 ☐
5) 오늘 아르바이트해요?	네 ☐	아니요 ☐
6) 오늘 신문을 읽어요?	네 ☐	아니요 ☐

가르치다 to teach

읽고 쓰기 Reading and Writing

준비 여러분은 어디에서 공부해요? 어디에서 밥을 먹어요?
Where do you study? Where do you eat?

읽기 다음을 읽고 질문에 답하세요.
Read the text messages and answer the following questions.

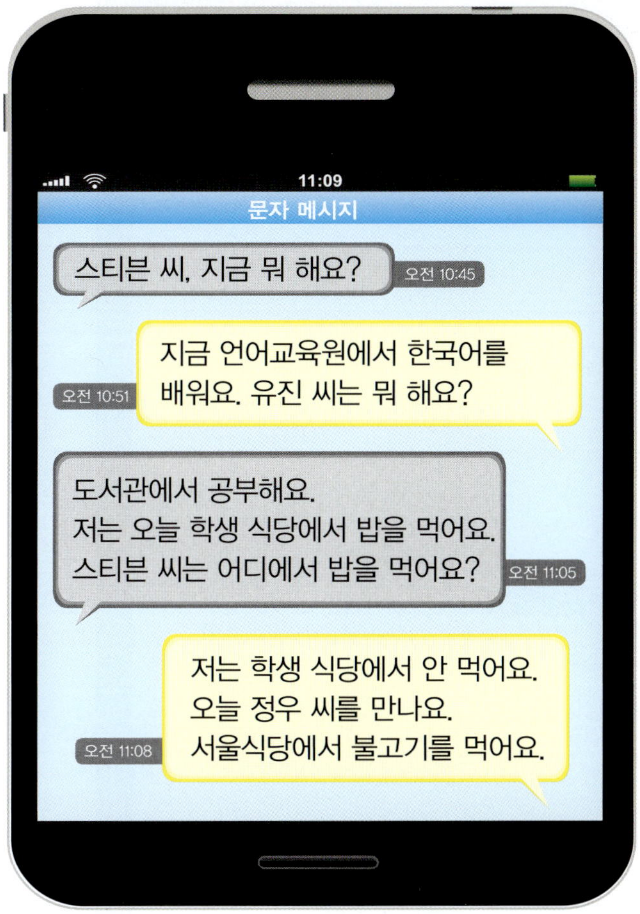

1) 스티븐은 지금 어디에서 공부해요?

① 

② 

2) 맞는 것을 고르세요.

① 유진은 도서관에서 공부해요.

② 유진하고 스티븐은 학생 식당에서 밥을 먹어요.

언어교육원 Language Education Institute 불고기 (sliced and seasoned) barbequed beef

쓰기 여러분은 지금 뭐 해요? 그리고 오늘 뭐 해요? 친구에게 보낼 문자 메시지를 써 보세요.

What are you doing now? And what are you doing today? Write a text message to your friend.

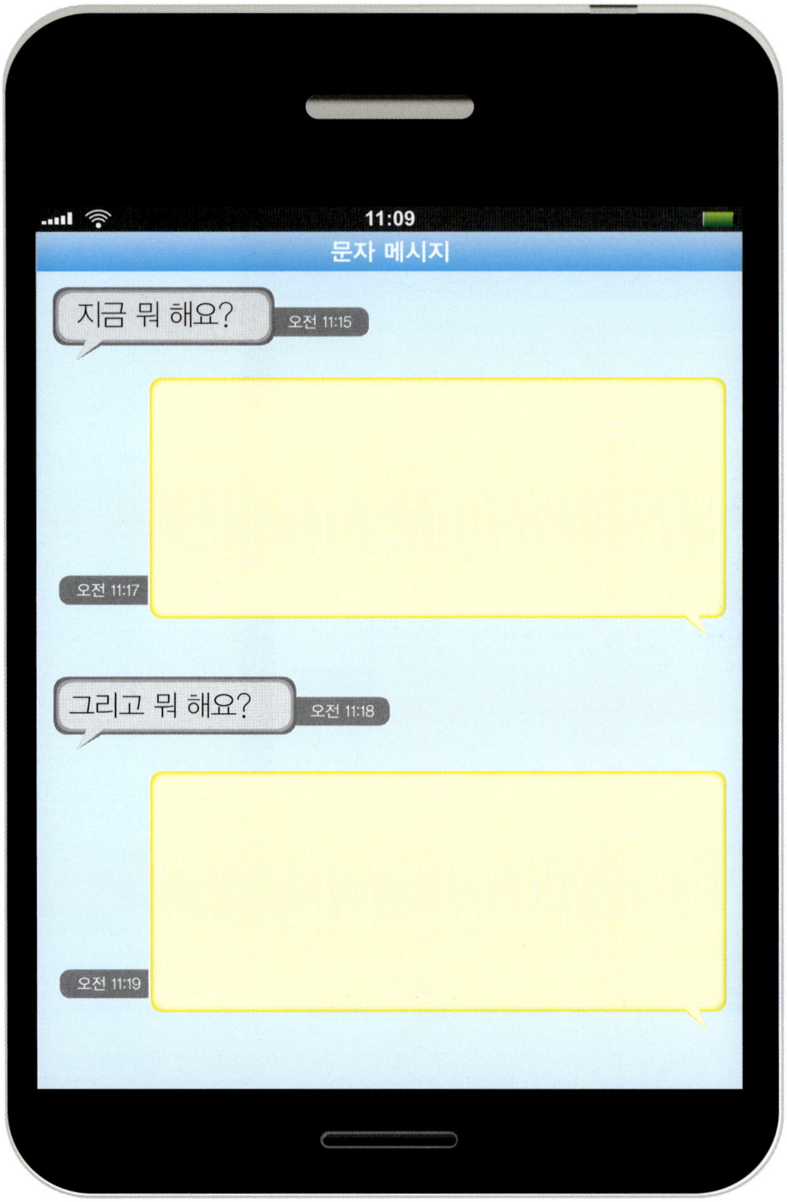

과제 Task

문장을 만들면서 카드 놀이를 해 보세요. Let's play cards!

순서대로 한 사람씩 돌아가며 동사 카드를 뒤집은 후, 그 동사에 알맞은 명사 카드를 찾으세요. 알맞은 명사 카드를 선택한 경우 자신이 뽑은 동사 카드를 한 장 가져가세요. (카드 → p.209, p.210)
Take turns flipping verb cards. Then find an appropriate noun card to make a sentence. If the noun can be used with the verb, the student can keep the verb card.

영어 + 배우다 O

우산 + 배우다 ✕

짝을 맞춘 카드와 연결시켜 문장을 만드세요. 알맞은 문장을 정확하게 만든 경우, 명사 카드도 가져가세요. Using the two cards, make a sentence. If the sentence is correct, the student can keep both cards.

영어 + 배우다
- 영어를 배워요. (O)
- 영어을 배우아요. (x)

친구가 틀린 문장을 말했을 경우, 정확한 문장으로 바꿔 주세요. 정확한 문장을 말한 사람이 친구의 명사 카드를 가져가세요. When a student produces an incorrect sentence, the person who corrects it can take the noun card.

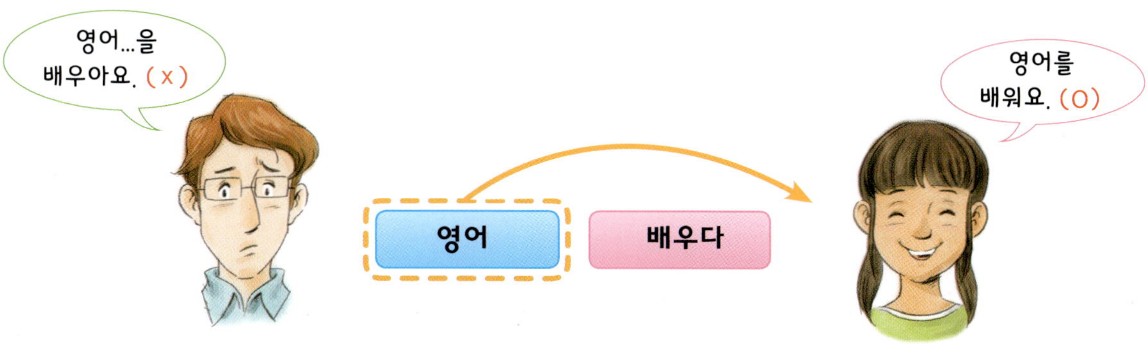

누가 카드를 제일 많이 가졌어요? 그 사람이 이겼어요!
Who has the most cards? The one who has the most cards wins!

문화 산책 Culture Note

준비 여러분은 방에서 뭐 해요? What do you do in your room?

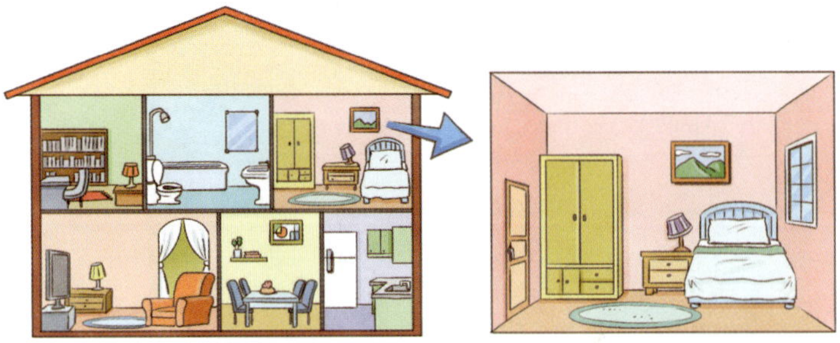

알아보기

1)

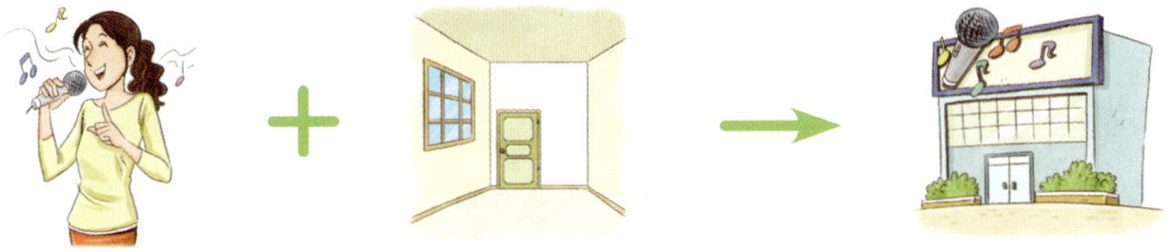

노래방

2)

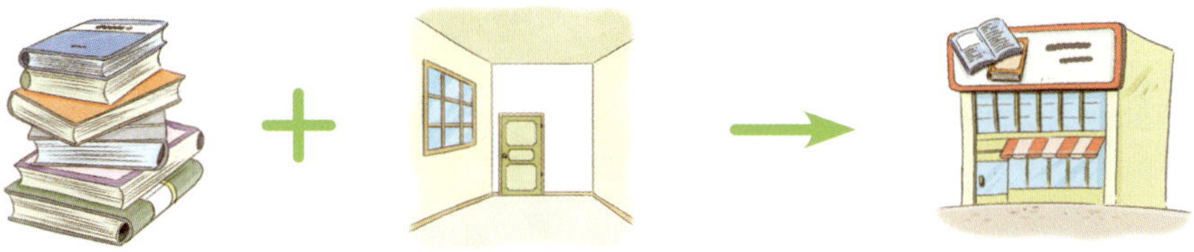

3)

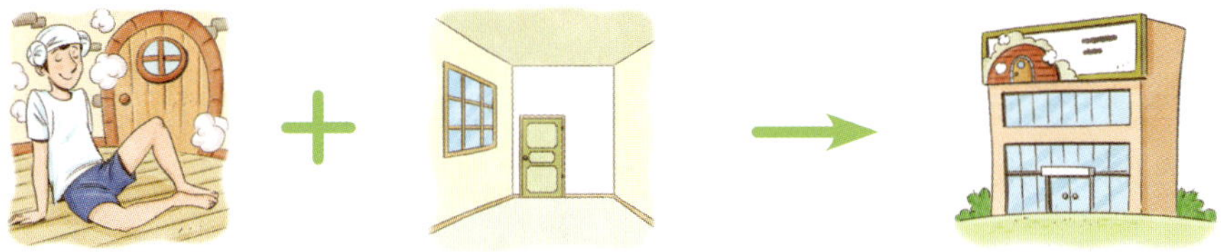

4)

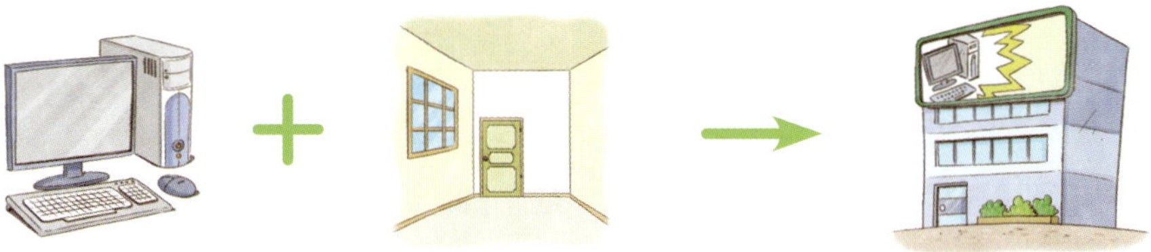

5)

정답 1) 노래방 2) 책방 3) 찜질방 4) PC방 5) 빨래방

생각 나누기 여러분 나라에도 이런 곳이 있어요? 이름이 뭐예요? 소개해 주세요.
Are there similar places in your home country? What do you call these places? Introduce one to the class.

노래방 Korean singing room

발음 Pronunciation

준비 들어 보세요. track 38

Listen to the following.

1) 선생님이에요
2) 책을

규칙 받침은 뒤 음절이 모음으로 시작하면 그 음절의 첫소리로 발음됩니다.

When a final consonant is followed by a vowel, the sound of the final consonant shifts to the initial position (ㅇ position) in the next syllable, and is pronounced as the initial sound of that syllable.

독일 [도길]

예] 밥을[바블] / 우산이[우사니] / 읽어요[일거요]

연습 잘 듣고 따라 해 보세요. track 39

Listen carefully and repeat the following sentences.

1) 저는 독일 사람이에요.
2) 우산이 있어요?
3) A 어디에서 밥을 먹어요?
   B 집에서 먹어요.
4) A 한국어 책을 읽어요?
   B 아니요, 일본어 책을 읽어요.

자기 평가 Self-Check

1. 아는 단어에 ✓ 하세요.
Check all the words that you know.

□ 하다	□ 일하다	□ 보다
□ 먹다	□ 만나다	□ 배우다
□ 집	□ 식당	□ 학교

2. 알맞은 것을 골라 문장을 완성하세요.
Fill in each blank with the correct particle or word.

을	를	에서	도서관	시장	극장

1) 커피(   ) 마셔요.

2) A 어디(   ) 공부해요?
B (   )에서 공부해요.

3. 그림을 보고 문장을 완성하세요.
Look at the pictures and complete each dialogue.

1) A 지금 뭐 해요?
B 신문_______________.

2) A 오늘 뭐 해요?
B 공원_______________.

3) A 시장에서 옷을 사요?
B 아니요, 시장에서
_______________ 사요.

정답

2. 1) 를 2) 에서, 도서관 3. 1) 을 읽어요 2) 에서 운동해요 3) 안

번 역 Translation

어휘

공부하다	to study	공원	park
밥을 먹다	to have a meal	극장	theater
숙제를 하다	to do homework	도서관	library
영화를 보다	to watch a movie	백화점	department store
옷을 사다	to buy clothes	시장	market
운동하다	to exercise	식당	restaurant
일하다	to work	집	house
자다	to sleep	커피숍	coffee shop
책을 읽다	to read a book	학교	school
친구를 만나다	to meet a friend	회사	company
커피를 마시다	to drink coffee		
태권도를 배우다	to learn Taekwondo		

말하기 1

Mariko What are you doing now, Steven?

Steven I am studying. What are you doing, Mariko?

Mariko I am reading a book.

Steven Are you reading a Korean book?

Mariko No, I am reading a Japanese book.

말하기 2

Steven What are you doing, Akira?

Akira I am studying.

Steven Are you studying in the library?

Akira No, I am not studying in the library.

Steven Then, where are you studying?

Akira I am studying at home.

4 어디에 있어요?

Where is it?

학 습 목 표

어 휘
- 장소 2
  Place 2
- 위치
  Location

문법과 표현 1
- 여기가 N이에요/예요
- N에 있어요[없어요]

말하기 1
- 장소 소개하기
  Talking about a place

문법과 표현 2
- N에 가요[와요]
- N 앞[뒤, 옆]

말하기 2
- 목적지와 위치 묻고 답하기
  Asking and answering destination and location

듣고 말하기
- 목적지에 대한 대화 듣기
  Listening to a conversation about destination
- 물건의 위치를 묻고 답하는 대화 듣기
  Listening to a conversation about the location of items
- 물건의 위치 말하기
  Talking about the location of items

읽고 쓰기
- 자기 방 소개하는 편지 읽기
  Reading a letter describing one's room
- 집이나 학교를 묘사하는 글 쓰기
  Writing a description of a house or school

과 제
- 쇼핑몰 안내도 완성하기
  Creating a shopping mall guide map

문화 산책
- 인사동
  Insa-dong

발 음
- 경음화 1
  Glottalization 1

어 휘 Vocabulary

1. 장소 이름을 그림과 연결하세요.
Match each word with the correct picture.

공항 우체국 대사관 은행 가게 약국 병원 미용실

2. 빈칸에 알맞은 단어를 쓰세요.
Fill in the box with the correct word.

앞 ~~뒤~~ 옆 안 아래/밑 위

문법과 표현 1 Grammar and Expression 1

1. 여기가 N이에요/예요

track 40

A　여기가 인사동이에요?

B　네, 여기가 인사동이에요.

예

- **여기가** 어디**예요**? – N서울타워**예요**.
- **여기가** 명동**이에요**.

연습1　서울의 유명한 곳입니다. [보기]와 같이 이야기해 보세요.

The following are famous places in Seoul. Talk about the places with a partner as shown in the example.

보 기

여기가 어디예요?

명동이에요.

여기가 명동이에요?

네, 명동이에요.

명동

청계천

대학로

남산

인사동 a district in Seoul　N서울타워 a tower in Seoul　명동 a district in Seoul　청계천 an attraction in Seoul　대학로 an attraction in Seoul　남산 a mountain in Seoul

2. N에 있어요[없어요]

track 41

A N서울타워가 어디에 있어요?

B 남산에 있어요.

예

- 중국 대사관이 어디**에 있어요**? – 명동**에 있어요**.
- 스티븐이 교실**에 있어요**? – 아니요, 교실**에 없어요**.
- 여기는 남산이에요. 남산**에**는 N서울타워가 **있어요**.

연습1 지금 어디에 있어요? 활동지 A, B를 보고 이야기해 보세요. (활동지 B → p. 211)
Using activity sheets A & B, ask each other questions to find out where these people are.

[활동지 A]

보 기

유진 씨가 어디에 있어요?

학교에 있어요.

교실 classroom

말하기 1 Speaking 1

track 42

유진 여기가 인사동이에요?
정우 네, 인사동이에요.
유진 인사동에서 뭐 해요?
정우 차를 마셔요. 인사동에는 찻집이 있어요.

찻집
[찯찝]

연습1 친구와 연습해 보세요.
Practice with your partner.

1) 인사동	2) 남산	3) 명동	4) 대학로
차를 마시다	서울 시내를 구경하다	쇼핑하다	연극을 보다
찻집	N서울타워	백화점	극장

연습2 여러분 나라의 유명한 곳을 그리거나 사진을 준비해서 친구들에게 소개해 보세요.
Draw or prepare a picture of a famous place in your country. Introduce the place to your classmates.

보 기

여기가 어디예요?

명동이에요.

여기에서 뭐 해요?

명동에서 쇼핑해요.
명동에는 백화점이 있어요.

찻집 teahouse 서울 the capital of South Korea 시내 downtown 구경하다 to sightsee 쇼핑하다 to shop 연극 theater play

문법과 표현 2 Grammar and Expression 2

1. N에 가요[와요]

track 43

A 어디에 가요?
B 우체국에 가요.

예
- 아키라는 회사**에 가요**.
- 스티븐은 오늘 학교**에** 안 **와요**.

연습1 그림을 보고 [보기]와 같이 이야기해 보세요.
Create a dialogue for each picture as shown in the example.

보기

1)

2)

3)

4)

5)

2. N 앞[뒤, 옆]

track 44

A 우체국이 어디에 있어요?

B 은행 앞에 있어요.

예

- 약국이 어디에 있어요? – 약국은 병원 **뒤**에 있어요.
- 스티븐이 어디에 있어요? – 스티븐은 아키라 **옆**에 있어요.

연습1 그림을 보고 [보기]와 같이 이야기해 보세요.

Using the map, ask each other questions and respond as shown in the example.

보 기

백화점이 어디에 있어요?

백화점은 병원 옆에 있어요.

병원 옆에 있어요.

1) 은행 2) 우체국 3) 약국 4) 극장 5) 병원 6) 아키라 씨 집

말하기 2 Speaking 2

track 45

줄리앙　스티븐 씨, 어디에 가요?
스티븐　공항에 가요. 친구가 한국에 와요.
　　　　줄리앙 씨는 어디에 가요?
줄리앙　우체국에 가요.
스티븐　우체국이 어디에 있어요?
줄리앙　한국은행 알아요? 한국은행 앞에 있어요.

연습1 친구와 연습해 보세요. Practice with your partner.

1) 

2) 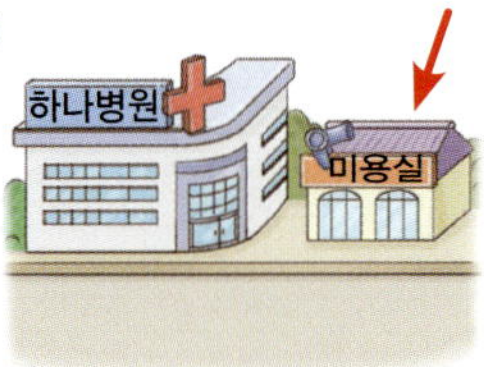

3) 

4) 

연습2 친구와 이야기해 보세요. Interview your classmates.

질문	친구 1	친구 2	친구 3
1) 오늘 어디에 가요?			
2) ______이/가 어디에 있어요?			
3) ○○ 씨 집은 어디에 있어요?			
4) 집 앞/뒤/옆에 뭐가 있어요?			

알다 to know

듣고 말하기 Listening and Speaking

준비 오늘 어디에 가요? 거기는 어디에 있어요?
Where are you going today? Where exactly is the place?

듣기1 잘 듣고 연결하세요. track 46
Listen carefully and match each person with the correct place.

1) 
아키라

2) 
나나

① 

② 

③ 

④ 

⑤ 

준비 여러분의 가방 안에 뭐가 있어요? 여러분의 냉장고 안에 뭐가 있어요?
What is in your bag? What is in your refrigerator?

듣기2 이 물건들이 어디에 있어요? 그림에 번호를 쓰세요. track 47
Where are these items? Listen and write the correct numbers in the picture below.

① 

② 

③ 

④ 

말하기 방에 뭐가 있어요? 어디에 있어요? 친구와 이야기해 보세요. 그리고 친구의 이야기를 들으면서 친구의 방을 그려 보세요.
What is in your room? Where are the items located? Describe your room to your partner.
Then listen to your friend's description, and draw a picture of their room.

읽고 쓰기 Reading and Writing

준비 여러분 집은 어디에 있어요? 집에 뭐가 있어요?
Where is your house located? What do you have in your house?

읽기 다음을 읽고 질문에 답하세요..
Read the letter and answer the following questions.

어머니, 아버지

안녕하세요? 줄리앙이에요.
저는 한국에서 잘 지내요.

저는 지금 제 방에 있어요. 제 방은 기숙사에 있어요.
제 방에는 침대하고 책상이 있어요.
책상 위에는 어머니하고 아버지 사진이 있어요.
저는 매일 그 사진을 봐요.

저는 언어교육원에서 한국어를 배워요.
우리 반에는 일본 사람하고 중국 사람하고 미국 사람이 있어요.
오늘 저는 인사동에 가요. 인사동에서 우리 반 친구를 만나요.

그럼 안녕히 계세요. 사랑해요.

서울에서 줄리앙

어머니 mother 아버지 father 잘 지내다 to be doing well 기숙사 dormitory 사진 photo 매일 every day 그 that 반 class 사랑하다 to love

1) 줄리앙의 방으로 맞는 것을 고르세요.

①

②

2) 맞는 것을 모두 고르세요.

① 줄리앙은 오늘 인사동에 가요.

② 줄리앙은 인사동에서 한국 친구를 만나요.

③ 줄리앙은 지금 서울에 있어요.

쓰기 여러분의 집이나 학교를 소개하는 글을 쓰세요. 집이나 학교가 어디에 있는지, 거기에 뭐가 있는지 쓰세요. Write about your house or school. Include the location and items there.

과제 Task

쇼핑몰 지도를 만드세요. Create a shopping mall guide map.

팀별로 쇼핑몰 지도를 받고 개인별로 2~3장의 장소 카드를 받으세요. (지도 → p.212, 카드 → p.213)
Your teacher will give your team a shopping mall guide map. Each person will get 2~3 cards designating places.

장소 카드를 보고 여러분이 어디에 가는지 이야기해 보세요. 친구에게 어디에 가는지 물어보세요. 이야기를 나누면서 쇼핑몰 지도를 완성해 보세요. Look at your cards. Then tell your team members where you are going and ask them where they are going. Using this information, complete the shopping mall guide map.

어느 팀의 지도가 정확한지 서로 비교해 보세요.
Which team's map is more accurate? Compare the map with other teams.

서점 bookstore　빵집 bakery　화장실 restroom

문화 산책 Culture Note

준비 여러분은 서울에서 어디가 좋아요?
What is your favorite place in Seoul?

한국에 사는 외국인 500명에게 물었습니다.
"서울에서 어디가 좋아요?"

순위/항목	쇼핑	구경	한국 음식
1	명동	인사동	갈비
2	코엑스몰	홍익대 앞	한정식
3	동대문	올림픽공원	비빔밥

알아보기 여기는 인사동이에요. 인사동에서 뭐 해요?

생각 나누기 여러분 나라에도 전통적인 분위기의 거리가 있어요? 소개해 주세요.
Are there any culturally significant streets, districts, or regions in your country? Introduce one to the class.

음식 food　기념품 souvenir　그림 picture / painting

발음 Pronunciation

준비 들어 보세요. track 48

Listen to the following words.

1) 학교
2) 학생

규칙 받침 'ㄱ' 뒤에 오는 'ㄱ, ㄷ, ㅂ, ㅅ, ㅈ'은 [ㄲ, ㄸ, ㅃ, ㅆ, ㅉ]으로 발음됩니다.

When 'ㄱ, ㄷ, ㅂ, ㅅ, ㅈ' are positioned after the final consonant 'ㄱ', they are pronounced as [ㄲ, ㄸ, ㅃ, ㅆ, ㅉ].

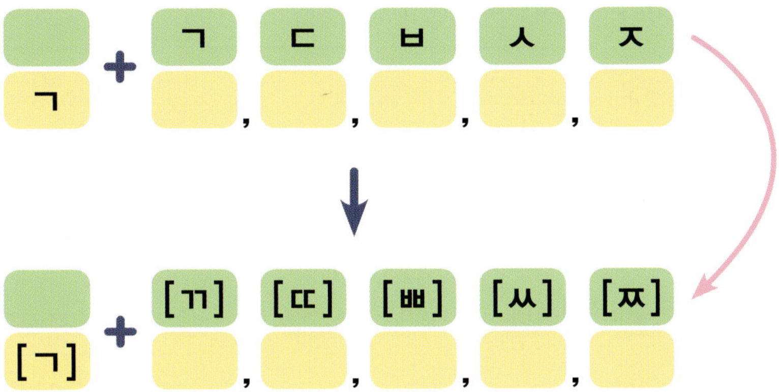

예] 약국[약꾹] / 식당[식땅] / 책방[책빵] / 학생[학쌩] / 극장[극짱]

연습 잘 듣고 따라 해 보세요. track 49

Listen carefully and repeat the following sentences.

1) 학교에서 친구를 만나요.
2) 스티븐은 미국 사람이에요.
3) A 지금 뭐 해요? 숙제해요?
   B 네, 숙제해요.
4) A 책방이 어디에 있어요?
   B 책방은 학생 식당 옆에 있어요.

자기 평가 Self-Check

1. 아는 단어에 ✓ 하세요.
   Check all the words that you know.

☐ 여기	☐ 대사관	☐ 병원
☐ 은행	☐ 공항	☐ 가게
☐ 가다	☐ 오다	☐ 구경하다

2. 알맞은 말을 골라 문장을 완성하세요.
   Fill in each blank using the correct particle or word from the box.

에	에서	어디	있어요	없어요	이에요	예요

1) 마리코 씨는 시장(　　　　) 가요.

2) 여기가 도서관(　　　　). 도서관에는 책이 (　　　　).

3. 그림을 보고 대화를 완성하세요.
   Look at the pictures and complete each dialogue.

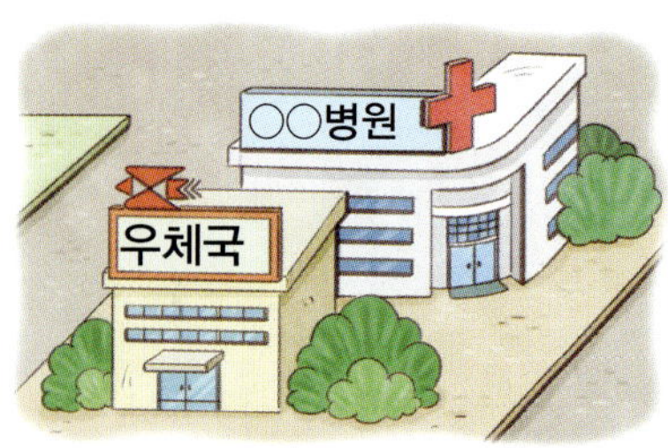

1) A 가방이 어디에 있어요?
   B ____________________.

2) A 서점이 어디에 있어요?
   B ____________________.

3) A 우체국이 어디에 있어요?
   B ____________________.

정답

2. 1) 에 2) 이에요, 있어요 **3.** 1) 의자 위에 있어요 2) 학교 옆에 있어요 3) 병원 앞에 있어요

번 역 Translation

어휘

가게	store	뒤	back
공항	airport	밑	bottom
대사관	embassy	아래	under
미용실	hair salon	안	inside
병원	hospital	앞	front
약국	pharmacy	옆	side
우체국	post office	위	top
은행	bank		

말하기 1

Yujin Is this place Insa-dong?

Jeongu Yes, it is Insa-dong.

Yujin What do people do in Insa-dong?

Jeongu Some people drink tea. There are teahouses in Insa-dong.

말하기 2

Julian Steven, where are you going?

Steven I am going to the airport. My friend is coming to Korea.
Where are you going, Julian?

Julian I am going to the post office.

Steven Where is the post office?

Julian Do you know Hankuk Bank? It is in front of Hankuk Bank.

5 주말에 친구를 만났어요

I met my friend over the weekend

학 습 목 표

어 휘	• 숫자 1 Numbers 1 • 요일 Days of the week
문법과 표현 1	• 날짜와 요일 • N에
말하기 1	• 날짜와 요일 묻고 답하기 Talking about dates and days of the week
문법과 표현 2	• V-았/었- • V-고
말하기 2	• 과거에 한 일 묻고 답하기 Talking about past experiences
듣고 말하기	• 날짜에 대한 짧은 대화 듣기 Listening to the short conversations about dates • 시험에 대한 대화 듣기 Listening to a conversation about an exam • 시험에 대해 말하기 Talking about an exam
읽고 쓰기	• 주말 일과에 대한 일기 읽기 Reading a journal entry about the weekend • 일기 쓰기 Writing a journal entry
과 제	• 친구 일정 알아보기 Finding out about classmates' schedules
문화 산책	• 명절 Traditional holidays in Korea
발 음	• 숫자 '십(10)'의 발음 Pronunciation of number '십(10)'

어 휘 Vocabulary

1. 다음 숫자를 읽어 보세요.
   Read the following numbers.

1	2	3	4	5	6	7	8	9	10
일	이	삼	사	오	육	칠	팔	구	십

2. 알맞은 단어를 연결하세요.
   Match the Korean day of the week with the English day of the week.

월요일　화요일　수요일　목요일　금요일　토요일　일요일

1 JANUARY

Monday	Tuesday	Wednesday	Thursday	Friday	Saturday	Sunday
1	2	3	4	5	6	7
8	9	10	11	12	13	14
15	16	17	18	19	20	21
22	23	24	25	26	27	28
29	30	31				

주말

문법과 표현 1 Grammar and Expression 1

1. 날짜와 요일

track 50

A 오늘이 며칠이에요?
B 오월 구 일이에요.

1월	2월	3월	4월	5월	6월	7월	8월	9월	10월	11월	12월
일월	이월	삼월	사월	오월	**유월**	칠월	팔월	구월	**시월**	십일월	십이월

예
- 오늘이 며칠이에요? – 유**월** 육 **일**이에요.
- 시험이 언제예요? – 팔**월** 이십삼 **일**이에요.

A 오늘이 무슨 요일이에요?
B 금요일이에요.

예
- 오늘이 무슨 **요일**이에요? – **토요일**이에요.
- 오늘이 **목요일**이에요? – 아니요, **수요일**이에요.

연습1 친구와 이야기해 보세요. Find out your classmates' birthdays.

생일이 며칠이에요?

생일이 언제예요?

3월 23일이에요.

며칠 what date 시험 test 언제 when 무슨 what 생일 birthday

2. N에

track 51

A 토요일에 뭐 해요?

B 친구하고 영화를 봐요.

예

- 크리스마스**에** 친구하고 파티를 해요.
- 월요일**에** 뭐 해요? – 월요일**에**는 영어를 배워요.

연습1 그림을 보고 [보기]와 같이 이야기해 보세요.
Create a dialogue for each picture as shown in the example.

보 기

목요일

목요일에 뭐 해요?

목요일에는 태권도를 배워요.

1) 

화요일

2) 

금요일

3) 

주말

4) 

생일

5) 

크리스마스

6) ?

______

하고 with 크리스마스 Christmas 파티 party

말하기 1 Speaking 1

track 52

민 수 5월 9일에 시간이 있어요?
아키라 9일이 무슨 요일이에요?
민 수 금요일이에요. 금요일에 파티가 있어요.
아키라 아, 미안해요. 금요일에는 약속이 있어요.
친구하고 같이 영화를 봐요.

약속이
[약쏘기]
같이
[가치]

연습1 친구와 연습해 보세요.
Practice with your partner.

1) 5월 9일 / 금요일 / 영화를 보다
2) 6월 20일 / 월요일 / 쇼핑하다
3) 11월 17일 / 토요일 / 도서관에 가다
4) 10월 13일 / 화요일 / 미용실에 가다

연습2 한 주의 스케줄을 쓰세요. 그리고 [보기]와 같이 이야기해 보세요.
Write your weekly schedule. Then ask each other about the schedules as shown in the example.

월	화	수	목	금	토	일

보 기

월요일에 시간이 있어요?
아니요, 없어요.
월요일에 뭐 해요?
회사에서 일해요.

시간 time 미안하다 to be sorry 약속 appointment 같이 together

문법과 표현 2 Grammar and Expression 2

1. V-았/었-

track 53

A 어제 뭐 했어요?

B 코엑스몰에 갔어요.

예

- 어제 뭐 **했**어요? – 친구를 만**났**어요.
- 공원에서 운동**했**어요.
- 어제 피자를 먹**었**어요.

모음 ㅏ, ㅗ	+	-았어요
하다	→	했어요
모음 ㅓ, ㅜ, ㅣ…	+	-었어요

연습1 그림을 보고 [보기]와 같이 이야기해 보세요.
Create a dialogue for each picture as shown in the example.

보 기

도서관

어제 뭐 했어요?

도서관에 갔어요.
도서관에서 책을 읽었어요.

1)

인사동

2)

코엑스몰

3)

강남역

4) ?

____

어제 yesterday 코엑스몰 a shopping mall in Seoul

2. V-고

track 54

A 주말에 뭐 했어요?

B 친구하고 같이 영화 보고 쇼핑했어요.

예

- 숙제를 하**고** 텔레비전을 봐요.
- 밥을 먹**고** 차를 마셨어요.

연습1 뭘 먼저 해요? [보기]와 같이 이야기해 보세요.

What do you do first? Create a dialogue for each picture as shown in the example.

보 기

영화를 보다

밥을 먹다

영화 보고 밥 먹어요?

네, 영화 보고 밥 먹어요.

아니요, 밥 먹고 영화 봐요.

1)

숙제를 하다

텔레비전을 보다

2)

물을 마시다

밥을 먹다

3)

카드를 읽다

선물을 보다

4)

세수하다

이를 닦다

카드 card 선물 gift 세수하다 to wash one's face 이를 닦다 to brush one's teeth

말하기 2 Speaking 2

track 55

줄리앙 주말에 뭐 했어요?

마리코 코엑스몰에 갔어요.

줄리앙 거기에서 뭐 했어요?

마리코 친구하고 같이 영화를 보고 쇼핑했어요.
줄리앙 씨는 뭐 했어요?

줄리앙 저는 집에서 쉬었어요.

연습1 친구와 연습해 보세요. Practice with your partner.

1)	2)	3)	4)
주말	금요일	생일	어제
코엑스몰	인사동	강남역	공원
영화를 보다 / 쇼핑하다	구경하다 / 차를 마시다	밥을 먹다 / 노래방에 가다	산책하다 / 사진을 찍다

연습2 친구와 이야기해 보세요. Interview your classmates.

주말에 어디에 갔어요?
도서관에 갔어요.
누구하고 갔어요?
친구하고 같이 갔어요.
혼자 갔어요.
거기에서 뭐 했어요?
숙제를 하고 책을 읽었어요.

언제	어디에 갔어요?	누구하고 갔어요?	거기에서 뭐 했어요?
주말			
어제			

거기 there 산책하다 to stroll 사진을 찍다 to take a photo 누구 who 혼자 alone

듣고 말하기 Listening and Speaking

준비 그림을 보고 이야기해 보세요.
Talk about the dates.

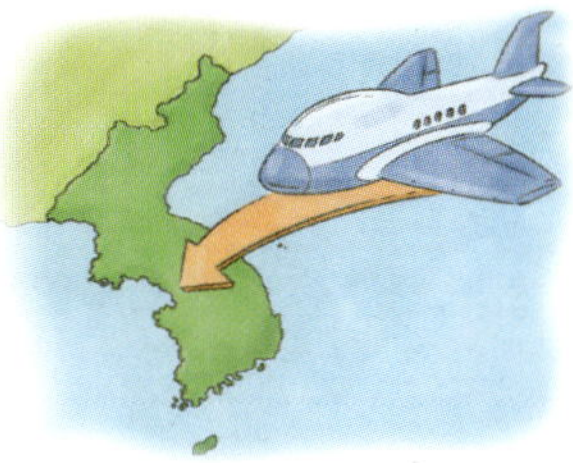

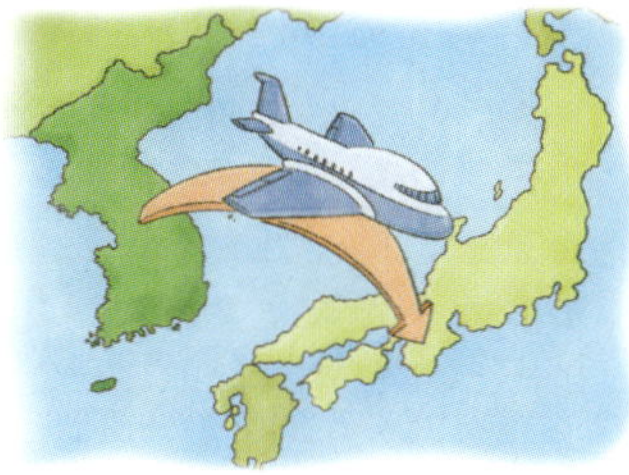

듣기1 잘 듣고 날짜를 표시하세요. track 56
Listen carefully and check the dates.

(6)월

1)

일	월	화	수	목	금	토
	1	2	3	4	5	6
7	8	9	10	11	12	13
14	15	16	17	18	19	20
21	22	23	24	25	26	27
28	29	30	31			

(   )월

2)

일	월	화	수	목	금	토
			1	2	3	4
5	6	7	8	9	10	11
12	13	14	15	16	17	18
19	20	21	22	23	24	25
26	27	28	29	30	31	

(   )월

3)

일	월	화	수	목	금	토
				1	2	3
4	5	6	7	8	9	10
11	12	13	14	15	16	17
18	19	20	21	22	23	24
25	26	27	28	29	30	31

(   )월

4)

일	월	화	수	목	금	토
		1	2	3	4	5
6	7	8	9	10	11	12
13	14	15	16	17	18	19
20	21	22	23	24	25	26
27	28	29	30	31		

(   )월

5)

일	월	화	수	목	금	토
1	2	3	4	5	6	7
8	9	10	11	12	13	14
15	16	17	18	19	20	21
22	23	24	25	26	27	28
29	30	31				

(   )월

6)

일	월	화	수	목	금	토
					1	2
3	4	5	6	7	8	9
10	11	12	13	14	15	16
17	18	19	20	21	22	23
24/31	25	26	27	28	29	30

준비 여러분은 주말에 뭐 했어요?
What did you do over the weekend?

듣기2 잘 듣고 맞는 것을 고르세요. track 57
Listen carefully and choose the correct answer.

1) 마리코는 주말에 뭐 했어요?

①  ②  ③ 

2) 맞는 것을 모두 고르세요.

① 마리코는 시험이 끝나고 친구 집에 갔어요.

② 마리코는 친구하고 같이 일본에 가요.

③ 마리코는 30일에 한국에 와요.

말하기 친구와 이야기해 보세요. Interview your classmates.

질문	친구 1	친구 2	친구 3
1) 무슨 시험이 있어요?			
2) 언제 시험이 있어요?			
3) 시험이 끝나고 뭐 해요?			

끝나다 to be finished

읽고 쓰기 Reading and Writing

준비 여러분은 일요일에 뭐 해요? What do you do on Sunday?

읽기 스티븐의 일기를 읽고 질문에 답하세요.
Read Steven's journal entry and answer the following questions.

> **11월 10일 토요일**
>
> 오늘은 토요일이에요. 학교에 안 가요. 그래서 강남역에서 아키라 씨하고 미유키 씨를 만났어요. 미유키 씨는 아키라 씨 여자 친구예요. 어제 한국에 왔어요.
>
> 우리는 식당에서 한국 음식을 먹었어요. 밥을 먹고 백화점에 갔어요. 내일은 아키라 씨 생일이에요. 그래서 나는 백화점에서 모자를 샀어요. 모자는 아키라 씨 생일 선물이에요. 우리는 내일 아키라 씨 집에서 생일 파티를 해요.

1) 스티븐은 오늘 어디에 갔어요? 모두 고르세요.

① 

② 

③ 

④ 

⑤ 

⑥ 

2) 미유키는 언제 한국에 왔어요?

① 11월 9일 ② 11월 10일 ③ 11월 11일

3) 아키라의 생일은 무슨 요일이에요?

① 금요일 ② 토요일 ③ 일요일

그래서 so / therefore 내일 tomorrow

쓰기 여러분도 일기를 써 보세요.
Write a journal entry.

_______월 _______일 _______요일

과제 Task

친구의 일정을 알아보세요. Find out about your classmates' schedules.

지난주에 뭐 했어요? 쓰세요. (활동지 → p.214)
What did you do last week? Complete the schedule.

	누구하고?	뭐 했어요?
월요일	혼자	도서관에 갔어요.
화요일	유진 씨	불고기를 먹고 차를 마셨어요.

선생님께 친구의 스케줄을 받으세요. 그리고 누구의 스케줄인지 알아보세요.
Your teacher will give you a classmate's schedule. Find out whose schedule it is.

친구들에게 누구의 스케줄인지 이야기하세요. 그리고 그 친구가 지난주에 무엇을 했는지 이야기해 주세요.
Tell the class whose schedule it is and talk about what he or she did last week.

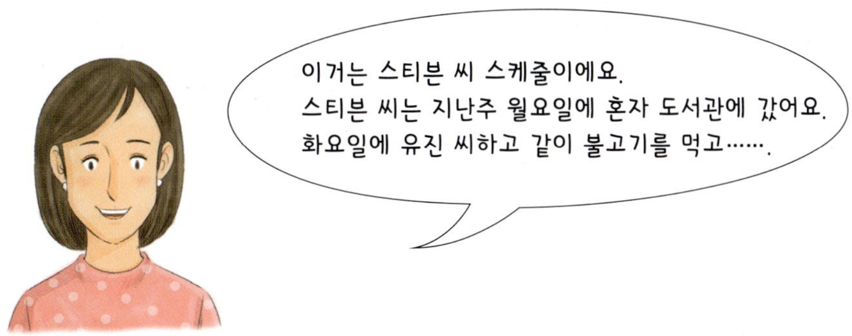

스케줄 schedule　지난주 last week

문화 산책 Culture Note

준비 한국에는 양력과 음력이 있어요. 여러분 나라에도 음력이 있어요?

Koreans use both the solar and lunar calendars. Do people in your country also use the lunar calendar?

1 JANUARY

Sunday	Monday	Tuesday	Wednesday	Thursday	Friday	Saturday
1	2	3 12.10	4	5	6	7
8 12.15	9	10	11	12	13 12.20	14
15	16	17	18 12.25	19	20	21
22 12.29	23 설날 1.1	24	25	26	27 1.5	28
29	30	31				

양력

음력

알아보기

1) 음력 1월 1일은 설날이에요. 설날에는 세배를 하고 떡국을 먹어요.

2) 음력 8월 15일은 추석이에요. 추석에는 차례를 지내고 송편을 먹어요.

생각 나누기 여러분 나라의 명절은 언제예요? 명절에 무엇을 해요?

When is a traditional holiday in your country? What do people do in the holiday?

양력 solar calendar 음력 lunar calendar 설날 New Year's Day 세배를 하다 to bow on New Year's day 떡국 rice-cake soup
추석 Korean Thanksgiving Day 차례를 지내다 to perform ancestral rites 송편 half-moon-shaped rice cake

발음 Pronunciation

준비 들어 보세요. track 58
Listen to the following words.

1) 십이(12)
2) 십사(14)
3) 십육(16)

규칙 숫자를 읽을 때 다음 발음에 주의하세요.
Pay attention to the following pronunciation when reading numbers.

1) 받침 'ㅂ' 뒤에 오는 'ㄱ, ㅅ'은 [ㄲ, ㅆ]으로 발음됩니다.
'ㄱ, ㅅ' are pronounced as [ㄲ, ㅆ] after the final consonant 'ㅂ'.

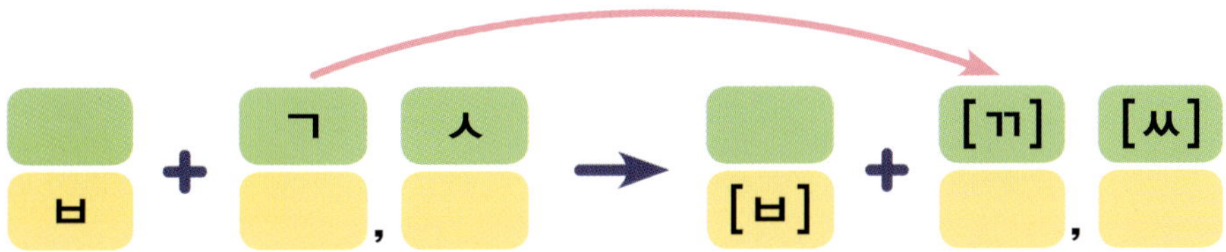

예] 십삼(13)[십쌈] / 십구(19)[십꾸]

2) 받침 'ㅂ'은 뒤에 '육(6)'이 오면 [ㅁ]으로 발음되고, '육'은 [뉵]으로 발음됩니다.
When the final consonant 'ㅂ' is followed by '육 (6)', it is pronounced as [ㅁ], and '육' is pronounced as [뉵].

예] 십육(16)[심뉵] / 이십육(26)[이심뉵]

연습 잘 듣고 따라 해 보세요. track 59
Listen carefully and repeat the following sentences.

1) 오늘은 십일월 십삼 일이에요.
2) 십사 일이 무슨 요일이에요?
3) A 생일이 언제예요?
   B 십이월 십육 일이에요.

자기 평가 Self-Check

1. 아는 단어에 ✓ 하세요.
Check all the words that you know.

☐ 월요일	☐ 토요일	☐ 주말
☐ 어제	☐ 무슨	☐ 시월
☐ 언제	☐ 생일	☐ 시험

2. 알맞은 것을 골라 문장을 완성하세요.
Fill in each blank using the correct word from the box.

뭐　　며칠　　어디　　무슨

1) 오늘은 (　　　　　　　) 요일이에요? – 화요일이에요.

2) 화요일이 (　　　　　　　)이에요? – 9월 4일이에요.

3) 주말에 (　　　　　　　) 했어요? – 친구를 만났어요.

3. 그림을 보고 문장을 완성하세요.
Look at the pictures and complete each dialogue.

1) A 토요일에 뭐 했어요?
B ________________________.

2) A 어제 뭐 했어요?
B ________________________.

정답

2. 1) 무슨 2) 며칠 3) 뭐 3. 1) 태권도를 배웠어요 2) 숙제를 하고 운동했어요

번 역 Translation

어휘

일	one	월요일	Monday
이	two	화요일	Tuesday
삼	three	수요일	Wednesday
사	four	목요일	Thursday
오	five	금요일	Friday
육	six	토요일	Saturday
칠	seven	일요일	Sunday
팔	eight	주말	weekend
구	nine		
십	ten		

말하기 1

Minsu Do you have time on the 9th of May?

Akira What day of the week is the 9th?

Minsu It's Friday. I am having a party on Friday.

Akira Oh, I am sorry. I have an appointment on Friday.
I am going to watch a movie with my friend.

말하기 2

Julian What did you do over the weekend?

Mariko I went to the COEX Mall.

Julian What did you do over there?

Mariko I watched a movie and went shopping with my friend.
What did you do, Julian?

Julian I rested at home.

6 얼마예요?

How much is it?

학 습 목 표

어 휘
- 음식
  Food
- 숫자 2
  Numbers 2
- 돈
  Money

문법과 표현 1
- V-(으)세요
- N 개[병, 잔, 그릇]

말하기 1
- 식당에서 주문하기
  Ordering food at a restaurant

문법과 표현 2
- N이/가 A-아요/어요
- N도

말하기 2
- 물건의 가격 묻기
  Asking the price of items

듣고 말하기
- 가격에 대한 짧은 대화 듣기
  Listening to the short conversations about price
- 식당 메뉴에 대한 대화 듣기
  Listening to a conversation about a menu
- 식당 메뉴에 대해 말하기
  Talking about a menu

읽고 쓰기
- 광고문 읽기
  Reading an advertisement
- 광고문 쓰기
  Creating an advertisement

과 제
- 물건 사고팔기
  Buying and selling items

문화 산책
- 김치
  Kimchi

발 음
- 'ㅎ' 탈락
  Silent 'ㅎ'

어 휘 Vocabulary

1. 알맞은 것을 연결해 보세요.
   Match each word in the table with the correct picture.

갈비탕	김밥	김치	김치찌개	냉면	라면	불고기	비빔밥

샌드위치	스파게티	피자	햄버거	귤	딸기	사과	수박

2. 다음 숫자를 읽어 보세요.
   Read the following numbers.

1	2	3	4	5	6	7	8	9	10
하나	둘	셋	넷	다섯	여섯	일곱	여덟	아홉	열

3. 읽어 보세요.
   Read the following values of money.

얼마예요?

십 원

오십 원

백 원

오백 원

천 원

오천 원

만 원

오만 원

문법과 표현 1 Grammar and Expression 1

1. V-(으)세요

track 60

어서 오세요.
여기 앉으세요.

예

- 숙제를 하고 텔레비전을 보**세요**.
- 책을 좀 읽**으세요**.

받침 × + -세요
받침 ○ + -으세요

연습1 선생님은 교실에서 여러분에게 무슨 말을 해요? 선생님이 되어서 이야기해 보세요.
Imagine that you are a teacher and give other students instructions on what to do.

앉다 to sit down

2. N 개[병, 잔, 그릇]

track 61

A 비빔밥 두 그릇 주세요.

B 네, 잠깐만 기다리세요.

예

- 빵 한 **개** 주세요.
- 콜라 몇 **병** 샀어요? – 두 **병** 샀어요.
- 오늘 커피를 세 **잔** 마셨어요.
- 냉면 네 **그릇** 주세요.

연습1 그림을 보고 [보기]와 같이 이야기해 보세요.

Ask for the following items as shown in the example.

보 기

샌드위치

샌드위치 한 개 주세요.

1) 

아이스크림

2) 

주스

3) 

녹차

4) 

콜라

5) 

햄버거

6) 

라면

주다 to give 잠깐만 for a moment 기다리다 to wait 빵 bread 몇 how many 아이스크림 ice cream

말하기 1 Speaking 1

track 62

종업원	어서 오세요. 여기 앉으세요.
스티븐	메뉴 좀 주세요.
종업원	네, 여기 있어요.
스티븐	유진 씨는 뭐 좋아해요?
유 진	저는 비빔밥을 좋아해요.
스티븐	그럼, 비빔밥 한 그릇하고 갈비탕 한 그릇 주세요.
종업원	네, 잠깐만 기다리세요.

앉으세요
[안즈세요]

비빔밥을
[비빔빠블]

그릇하고
[그르타고]

연습1 친구와 연습해 보세요.
Practice with your partner.

1)	2)	3)	4)
비빔밥	햄버거	오렌지 주스	우동
비빔밥 / 1그릇	햄버거 / 2개	오렌지 주스 / 1잔	우동 / 2그릇
갈비탕 / 1그릇	콜라 / 2잔	커피 / 1잔	맥주 / 2병

메뉴 menu 좋아하다 to like 우동 udon 맥주 beer

연습2 친구와 함께 좋아하는 음식을 이야기하고 그 음식을 주문해 보세요.

Talk about your favorite food with your partner and order it. Some examples are below.

메 뉴

1 서울식당	2 만리장성	3 도쿄스시	4 이탈리아노
 불고기 ₩21,000	 짜장면 ₩7,000	 우동 ₩7,500	 피자 ₩24,000
 갈비탕 ₩9,000	 짬뽕 ₩8,000	 초밥 ₩22,000	 스파게티 ₩16,000
 냉면 ₩8,000	 탕수육 ₩23,000	 돈가스 ₩10,000	 샌드위치 ₩9,500
 비빔밥 ₩10,000	 만두 ₩9,000	 튀김 ₩25,000	 샐러드 ₩11,000

무슨 음식을 좋아해요?

갈비탕을 좋아해요.

그래요?
저는 비빔밥을 좋아해요.

여기요.
갈비탕 하나하고
비빔밥 하나 주세요.

• **물건의 개수를 말할 때**
When counting the number of items

방에 책상이 <u>한 개</u> 있어요.
= 방에 책상이 <u>하나</u> 있어요.

비빔밥 <u>두 그릇</u> 주세요.
= 비빔밥 <u>둘</u> 주세요..

그래요? really? 여기요 excuse me (when calling attention)

문법과 표현 2 Grammar and Expression 2

1. N이/가 A-아요/어요

track 63

A 뭐가 맛있어요?

B 수박이 맛있어요.

예

- 오렌지가 싸요.
- 학교가 좋아요.
- 길이 복잡해요.
- 무슨 음식이 맛있어요?

모음 ㅏ, ㅗ + -아요
하다 → 해요
모음 ㅓ, ㅜ, ㅣ… + -어요

연습1 친구와 이야기해 보세요.
Interview your classmates.

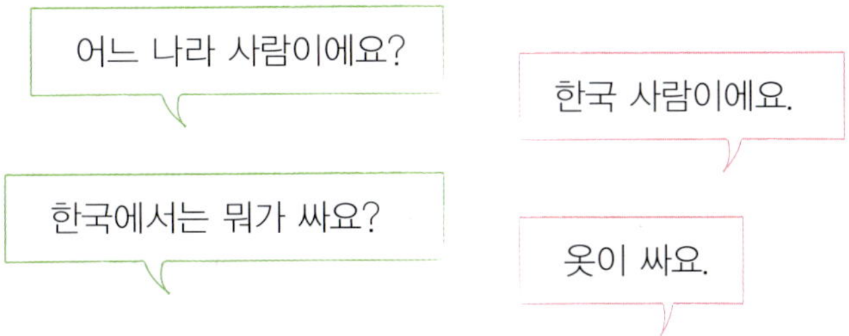

질문	친구 1	친구 2	친구 3
1) 어느 나라 사람이에요?	한국 사람		
2) ______에서는 뭐가 싸요?	옷		
3) 무슨 음식이 맛있어요?	불고기		
4) 무슨 노래가 좋아요?	아리랑		
5) 어디가 복잡해요?	명동		

맛있다 to be delicious 좋다 to be good 싸다 to be cheap 길 road 복잡하다 to be crowded 노래 song 아리랑 Korean folksong

2. N도

track 64

A 오렌지 좀 주세요.
그리고 사과도 주세요.
B 네, 여기 있어요.

예

- 저는 학생이에요. 켈리 씨**도** 학생이에요.
- 불고기가 맛있어요. 냉면**도** 맛있어요.
- 어제 바지를 샀어요. 그리고 운동화**도** 샀어요.

연습1 [보기]와 같이 친구들의 공통점을 찾아보세요.
Find out what your classmates have in common as shown in the example.

보 기

샤오밍 씨는 중국 사람이에요.
나나 씨도 중국 사람이에요.

바지 pants 운동화 sneakers

말하기 2 Speaking 2

track 65

마리코	아저씨, 오렌지 얼마예요?
아저씨	여섯 개에 오천 원이에요.
마리코	사과는 얼마예요?
아저씨	세 개에 이천 원이에요.
마리코	뭐가 맛있어요?
아저씨	모두 맛있어요.
마리코	그럼 오렌지 여섯 개 주세요. 사과도 세 개 주세요.
아저씨	네, 여기 있어요. 또 오세요.

연습1 친구와 연습해 보세요.
Practice with your partner.

1)	2)	3)	4)
오렌지	배	파인애플	딸기
6개 / 5,000원	2개 / 10,000원	1개 / 4,500원	1박스 / 13,000원
사과	키위	귤	멜론
3개 / 2,000원	10개 / 8,000원	10개 / 5,000원	1개 / 14,000원

- **개 · 병 · 잔 · 그릇으로 값을 물을 때**
  When asking price using unit nouns

  오렌지 한 개에 얼마예요?
  커피 한 잔에 얼마예요?

- **개 · 병 · 잔 · 그릇으로 값을 말할 때**
  When responding with the price using unit nouns

  맥주 네 병에 만 원이에요.
  비빔밥 한 그릇에 팔천 원이에요.

아저씨 middle-aged man 에 per 모두 all 또 again 배 pear 키위 kiwi 파인애플 pineapple 박스 box 멜론 melon

연습2 활동지 A, B를 보고 이야기해 보세요. (활동지 B → p.215)

[활동지 A]

> 서울슈퍼는 사과 다섯 개에 얼마예요?

> 사천삼백 원이에요.

하나마트

딸기

1박스 ₩6,000

서울슈퍼 → ________

사과

5개 ₩4,900

서울슈퍼 → 4,300원

오렌지

4개 ₩3,500

서울슈퍼 → ________

주스

3병 ₩6,450

서울슈퍼 → ________

콜라

1병 ₩1,340

서울슈퍼 → ________

라면

6개 ₩3,000

서울슈퍼 → ________

달걀

10개 ₩2,980

서울슈퍼 → ________

휴지

12개 ₩12,400

서울슈퍼 → ________

과자

3개 ₩1,000

서울슈퍼 → ________

달걀 egg 과자 snack food

듣고 말하기 Listening and Speaking

준비 여러분은 무슨 커피를 좋아해요? 여러분 나라에서 커피 한 잔에 얼마예요?
What kind of coffee do you like? How much is a cup of coffee in your country?

듣기1 잘 듣고 써 보세요. track 66
Listen carefully and write the price of each item.

케이크 cake　아이스커피 iced coffee　에스프레소 espresso

준비 여러분은 어디에서 점심을 먹어요? 무슨 음식을 좋아해요?
Where do you have lunch? What is your favorite food?

듣기2 잘 듣고 맞는 것을 고르세요. track 67
Listen carefully and choose the correct answer.

1) 켈리는 어디에 가요?

① 교실 ② 도서관 ③ 식당 ④ 커피숍

2) 줄리앙은 무엇을 먹었어요?

①

②

3) 맞는 것을 고르세요.

① 줄리앙은 돈가스를 먹었어요.
② 켈리는 점심을 안 먹었어요.
③ 비빔밥은 1,500원이에요.

돈가스 pork cutlet 점심 lunch

말하기 활동지 A, B를 보고 이야기해 보세요. (활동지 B → p.216)
Using activity sheets A & B, ask each other questions and fill in the blanks.

[활동지 A]

월요일 메뉴는 뭐예요?

B메뉴는 비빔밥이에요.

얼마예요?

이천오백 원이에요.
A메뉴는 뭐예요?

	A메뉴		B메뉴	
	음식	가격	음식	가격
월요일	스파게티 	₩3,500	비빔밥	₩2,500
화요일	피자 	₩4,000		₩
수요일	불고기 	₩5,500		₩
목요일	갈비탕 	₩3,800		₩
금요일	김치찌개 	₩3,000		₩

읽고 쓰기 Reading and Writing

준비 한국에서 물건을 사 봤어요? 어디에서 샀어요?
Have you shopped in Korea? Where did you shop?

읽기 다음을 읽고 질문에 답하세요.
Read the advertisement and answer the following questions.

사세요!

저는 1급 학생 윌슨이에요.
11월 15일에 미국에 가요.
그래서 제 물건을 팔아요.

* 21인치 텔레비전이에요. 9월에 백화점에서 샀어요.
아주 좋아요. 리모컨이 있어요.

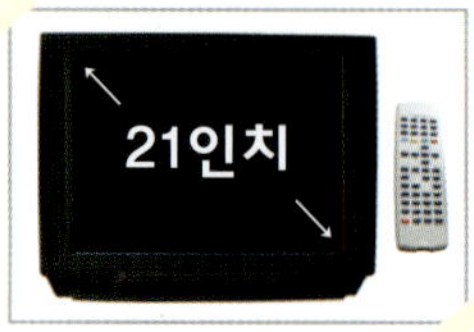

~~₩350,000~~
▶ ₩100,000

* 책상이에요. 아주 깨끗해요.
저는 6월에 의자하고 같이 팔만 오천 원을 주고 샀어요.
지금은 의자가 없어요. 그래서 싸요.

~~₩85,000~~
▶ ₩30,000

* 책이 많이 있어요. 한 권에 이천 원이에요.
세 권에 오천 원이에요.

▶ ₩2,000/권

전화하세요.
휴대폰 : 010-1106-0715

1) 윌슨은 무엇을 해요?

① 물건을 사요. ② 물건을 줘요. ③ 물건을 팔아요.

2) 맞는 것을 고르세요.

① 윌슨은 텔레비전을 십만 원에 샀어요.
② 책상하고 의자는 삼만 원이에요.
③ 책 3권에 5,000원이에요.

급 level 물건 thing 팔다 to sell 인치 inch 아주 very 리모컨 remote control 깨끗하다 to be clean 많이 a lot 권 unit noun for books 전화하다 to call

쓰기 물건을 파는 광고문을 써 보세요.
Create an advertisement.

사세요!

과제 Task

친구들과 물건을 사고팔아 보세요. Do a shopping role-play with your classmates.

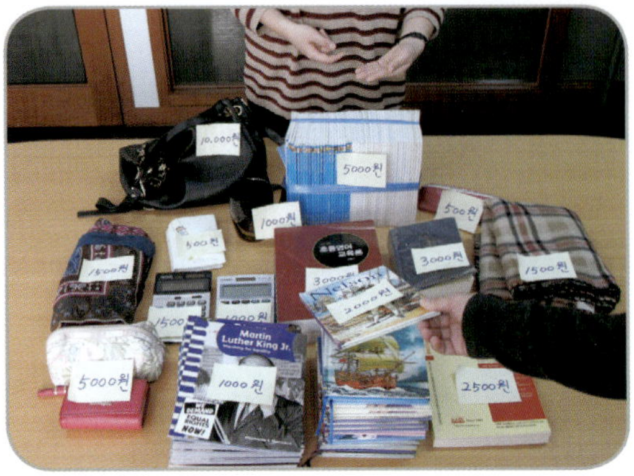

가지고 있는 물건 중에서 무엇을 팔고 싶어요? 얼마에 팔고 싶어요? 다섯 개를 고르고 가격을 정하세요. What would you like to sell? How much is it? Make a list of 5 items and set the value of each.

	물건	얼마?
1)		₩
2)		₩
3)		₩
4)		₩
5)		₩

친구들과 물건을 사고팔아 보세요. 가격을 깎아 보세요.
Buy and sell items. Try to get discounts.

볼펜 얼마예요?

한 개에 300원이에요.

너무 비싸요.
좀 깎아 주세요.

그럼 200원 주세요.

무엇을 샀어요? 얼마예요? 친구들에게 이야기해 보세요.
What did you buy? How much is it? Talk about your purchases to your classmates.

저는 볼펜을 샀어요.
볼펜은 한 개에 200원이에요.

비싸다 to be expensive　깎아 주다 to give discounts

문화 산책 Culture Note

준비 여러분은 김치를 좋아해요? 김치가 맛있어요?
Do you like kimchi? Is it delicious?

알아보기 1) 무슨 김치가 있어요?

백김치

깍두기

오이김치

물김치

2) 한국 사람들은 김치를 아주 좋아해요. 그래서 이런 음식도 먹어요.

김치김밥

김치찌개

김치볶음밥

김치전

생각 나누기 한국 사람은 매일 김치를 먹어요. 여러분 나라에도 이런 음식이 있어요?
Koreans eat kimchi every day. Is there such a food that people eat every day in your home country?

백김치 white kimchi　깍두기 sliced radish kimchi　오이김치 cucumber kimchi　물김치 water kimchi　이런 such / like this　김치볶음밥 kimchi fried rice　김치전 kimchi pancake

발음 Pronunciation

준비 들어 보세요. track 68
Listen to the following.

1) 호주
2) 좋아요

규칙 받침 'ㅎ, ㄶ, ㅀ'은 뒤에 모음이 오면 [ㅎ]이 발음되지 않습니다.
When the final consonants 'ㅎ, ㄶ, ㅀ' are followed by the initial 'ㅇ', [ㅎ] is silent.

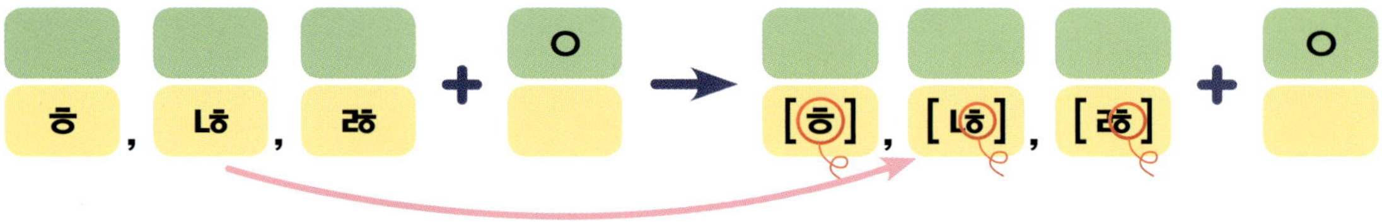

예] 좋아요[조아요] / 좋아해요[조아해요] / 많아요[마나요] / 싫어해요[시러해요]

연습 잘 듣고 따라 해 보세요. track 69
Listen carefully and repeat the following sentences.

1) 애니 씨는 뭘 좋아해요?
2) 저는 책이 많아요.
3) A 무슨 요일에 만나요?
   B 토요일이 좋아요.
4) A 커피를 좋아해요?
   B 아니요, 안 좋아해요.

자기 평가 Self-Check

1. 아는 단어에 ✓ 하세요.
   Check all the words that you know.

□ 백	□ 천	□ 만
□ 김치	□ 비빔밥	□ 불고기
□ 좋다	□ 싸다	□ 좋아하다

2. 알맞은 말을 골라 대화를 완성하세요.
   Fill in each blank using the correct word from the box.

개	그릇	병	잔	맛있다	복잡하다

1) 사과 다섯 (   ) 주세요.

2) A 비빔밥이 (   )?
   B 네. 그래서 두 그릇 먹었어요.

3. 그림을 보고 문장을 완성하세요.
   Look at the pictures and complete each sentence.

1) 여기 ____________.

2) ____________ 주세요.

3) A 이 모자는 ____________?
   B 이만 원이에요.

정답
2. 1) 개 2) 맛있어요 3. 1) 앉으세요 2) 커피 세 잔 3) 얼마예요

번 역 Translation

어휘

갈비탕	beef-rib soup
김밥	seaweed-wrapped roll
김치	kimchi
김치찌개	kimchi stew
냉면	cold noodles
라면	ramen / instant noodles
불고기	(sliced and seasoned) barbequed beef
비빔밥	cooked rice with vegetables and meat
샌드위치	sandwich
스파게티	spaghetti
피자	pizza
햄버거	hamburger
귤	mandarin orange
딸기	strawberry
사과	apple
수박	watermelon

하나	one
둘	two
셋	three
넷	four
다섯	five
여섯	six
일곱	seven
여덟	eight
아홉	nine
열	ten
얼마	how much
십 원	10 won
오십 원	50 won
백 원	100 won
오백 원	500 won
천 원	1,000 won
오천 원	5,000 won
만 원	10,000 won
오만 원	50,000 won

말하기 1

Server	Please come in. Have a seat here.
Steven	Please give me a menu.
Server	Okay, here you are.
Steven	What do you like, Yujin?
Yujin	I like bibimbap.
Steven	Then give us one bowl of bibimbap and one bowl of galbitang.
Server	All right, please wait a moment.

말하기 2

Mariko	Sir, how much is an orange?
Salesperson	It is 5,000 won for six.
Mariko	How much are the apples?
Salesperson	They are 2,000 won for three.
Mariko	What tastes good?
Salesperson	All of them taste good.
Mariko	Then give me six oranges. And give me three apples, too.
Salesperson	Okay, here you are. Come again.

7 날씨가 어떻습니까?

How is the weather?

학 습 목 표

어 휘	• 날씨와 계절 Weather and seasons • 형용사 Adjective
문법과 표현 1	• 'ㅂ' 불규칙 • A/V-지만
말하기 1	• 날씨 묻고 답하기 Talking about weather
문법과 표현 2	• A/V-습니다/ㅂ니다 • A/V-고
말하기 2	• 고향 날씨 발표하기 Making a presentation about the weather in your hometown
듣고 말하기	• 날씨에 대한 짧은 대화 듣기 Listening to the short conversations about weather • 여행지에 대한 대화 듣기 Listening to a conversation about trip • 여행 경험 말하기 Talking about travel experiences
읽고 쓰기	• 한국의 계절에 대한 블로그 글 읽기 Reading a blog about the seasons in Korea • 좋아하는 계절에 대한 글 쓰기 Writing about your favorite season
과 제	• 여행에 필요한 물건 준비하기 Packing for a trip
문화 산책	• 계절 음식 Seasonal food in Korea
발 음	• 비음화 1 Nasalization 1

어 휘 Vocabulary

1. 그림에 맞는 번호를 쓰세요.
Write the number of each adjective next to the matching picture.

① 흐리다
② 맑다
③ 덥다
④ 춥다
⑤ 따뜻하다
⑥ 시원하다
⑦ 비가 오다
⑧ 눈이 오다

2. 이야기해 보세요.
What is your favorite season?

무슨 계절을 좋아해요?

봄

여름

가을

겨울

3. 그림을 보고 연결해 보세요.
Match each word with the corresponding picture.

쉽다	어렵다	맵다	가볍다	무겁다

문법과 표현 1 Grammar and Expression 1

1. 'ㅂ' 불규칙

track 70

A 오늘 날씨가 어때요?

B 아주 더워요.

예

- 날씨가 아주 추**워**요.
- 한국 음식이 매**워**요? – 네, 좀 매**워**요.
- 어제는 날씨가 더**웠**어요.
- 시험이 아주 어려**웠**어요.

춥다 + -아요/어요
→ 추우 + -어요 → 추워요
춥다 + -았어요/었어요
→ 추우 + -었어요 → 추웠어요

연습1 그림을 보고 [보기]와 같이 이야기해 보세요.
Create dialogues using the pictures and words as shown in the example.

보 기

오늘 날씨가 더워요?

네, 더워요.

아니요, 안 더워요.

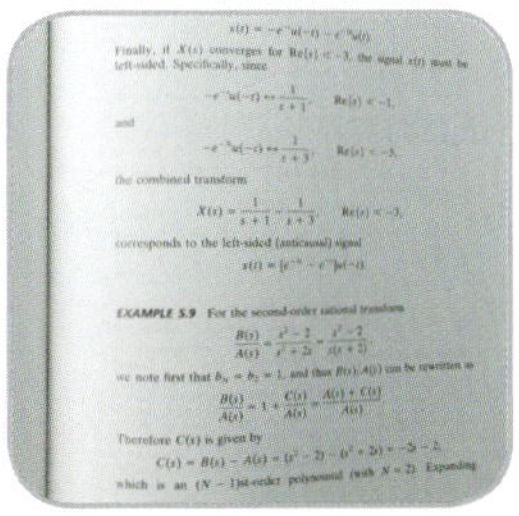

덥다 / 춥다 　 어렵다 / 쉽다 　 무겁다 / 가볍다 　 맵다 / 안 맵다

날씨 weather 　 어때요? how is it?

2. A/V-지만

track 71

A 오늘도 날씨가 추워요?

B 네. 춥지만 아주 맑아요.

예

- 서울식당은 비싸**지만** 맛있어요.
- 한국어 공부는 어렵**지만** 재미있어요.
- 저는 김치를 먹**지만** 친구는 김치를 안 먹어요.
- 어제 저는 학교에 갔**지만** 동생은 안 갔어요.

연습1 그림을 보고 [보기]와 같이 이야기해 보세요.

Create a dialogue for each picture as shown in the example.

보 기

1) 떡볶이가 어때요?

맛있다 맵다

2) 책이 어때요?

쉽다 재미없다

3) 오늘도 더워요?

어제 오늘

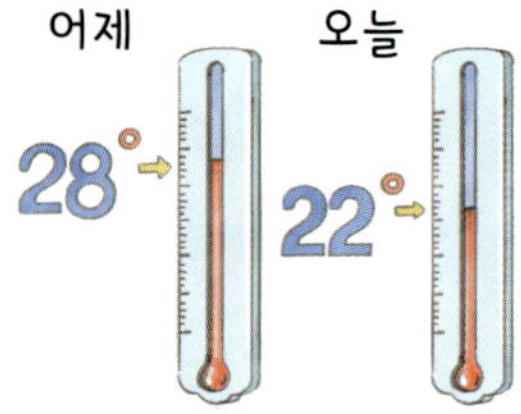

더웠다 안 덥다

4) 동생도 고기를 안 먹어요?

나 동생

안 먹다 먹다

5) 오늘도 눈이 와요?

어제 오늘

왔다 안 오다

6)

? ?

________ ________

재미있다 to be fun / interesting 동생 younger sibling 떡볶이 rice cakes in hot sauce 재미없다 to be boring / uninteresting

말하기 1 Speaking 1

track 72

아키라	서울은 오늘 날씨가 어때요?
민 수	더워요. 도쿄도 더워요?
아키라	아니요. 어제는 더웠지만 오늘은 안 더워요.
민 수	아, 그래요? 서울에 언제 와요?
아키라	토요일에 가요.
민 수	그럼 조심해서 오세요.

연습1 친구와 연습해 보세요.
Practice with your partner.

1)	2)	3)	4)
덥다	춥다	비가 오다	눈이 오다
도쿄	런던	싱가포르	모스크바
더웠다	추웠다	비가 왔다	눈이 왔다
안 덥다	안 춥다	안 오다	안 오다

도쿄 Tokyo　조심해서 오세요 be careful on your way here　런던 London　싱가포르 Singapore　모스크바 Moscow

연습2 활동지 A, B를 보고 이야기해 보세요. (활동지 B → p.217)
Using activity sheets A & B, ask and answer each other as shown in the example.

[활동지 A]

보 기

런던은 날씨가 어때요?

따뜻해요.

비가 와요?

아니요, 비가 안 와요.
날씨가 좋아요.

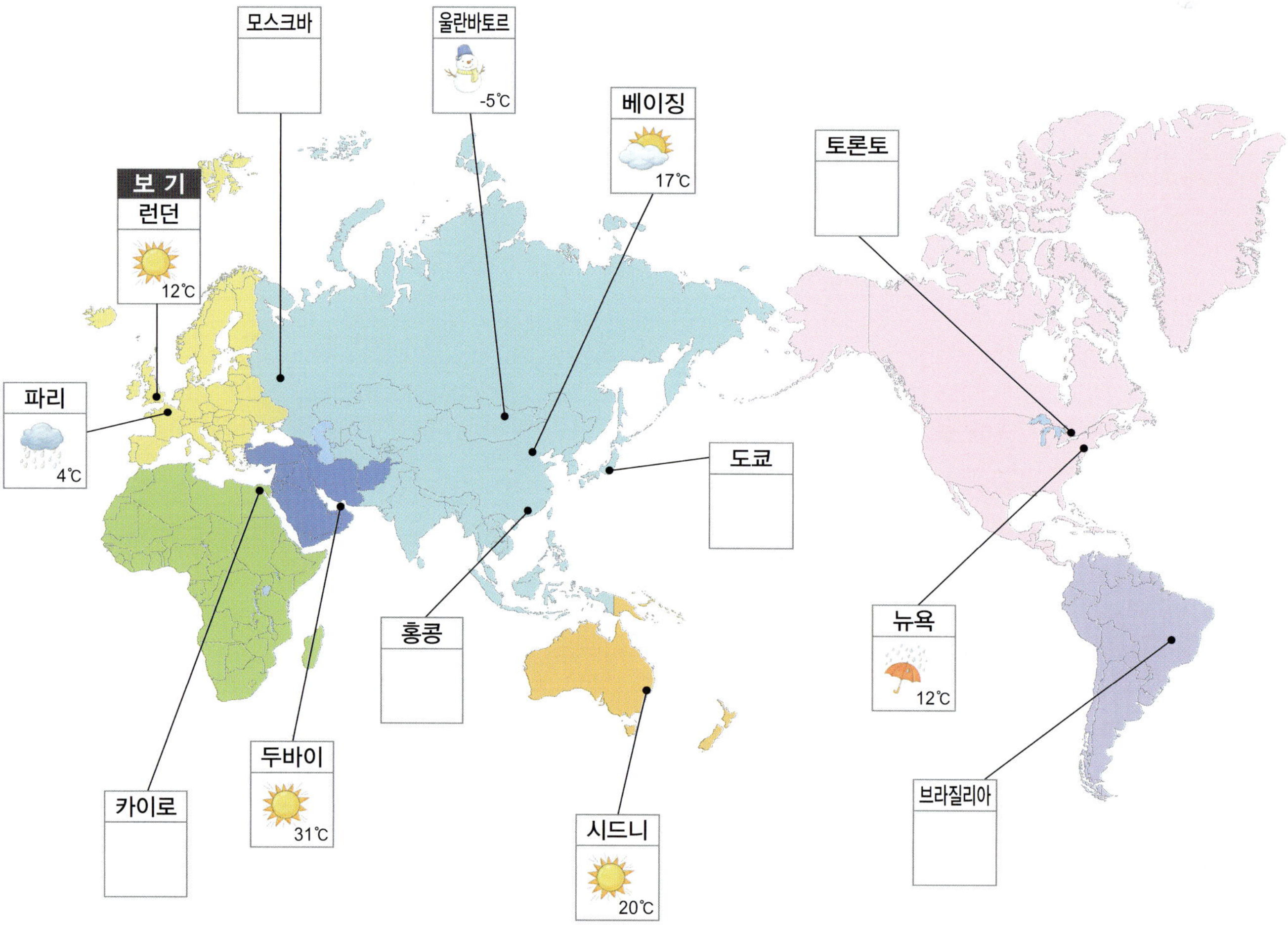

문법과 표현 2 Grammar and Expression 2

1. A/V-습니다/ㅂ니다

track 73

A 오늘은 날씨가 어떻습니까?

B 비가 옵니다.

예

- 날씨가 시원합**니다**.
- 김치가 맵**습니다**.
- 영국 가수가 한국에 옵**니다**.
- 무엇을 먹습니까? – 비빔밥을 먹**습니다**.

받침 × + -ㅂ니다
받침 ○ + -습니다

받침 × + -ㅂ니까
받침 ○ + -습니까

연습1 기자가 되어 [보기]와 같이 이야기해 보세요.
Imagine that you are a weather caster and report the following conditions.

보 기

1)  비가 옵니다.

2)  ____________.

3)  ____________.

4)  ____________.

5) ? ____________.

어떻다 to be how

2. A/V-고

track 74

A 파리는 요즘 날씨가 어떻습니까?

B 춥고 눈이 옵니다.

예

- 사과가 싸고 맛있어요.
- 파티에서 스티븐은 사진을 찍고 저는 요리를 했어요.

연습1 친구와 이야기해 보세요.

Talk about what your classmates are doing during break time.

쉬는 시간에 친구들이 뭐 해요?

나나 씨는 켈리 씨하고 이야기하고…….

쉬는 시간에 우리 반 친구들이 뭐 해요?

파리 Paris 요즘 these days 쉬는 시간 break time 이야기하다 to talk

말하기 2 Speaking 2

track 75

제 고향은 파리입니다.
파리는 지금 겨울입니다.
파리는 겨울에 눈이 오고 춥습니다.
사람들은 스키장에 갑니다.
여러분 고향은 날씨가 어떻습니까?

춥습니다
[춥씀니다]
갑니다
[감니다]
어떻습니까
[어떠씀니까]

연습1 친구와 연습해 보세요. Practice with your partner.

1)	2)	3)	4)
파리	뉴욕	베이징	도쿄
겨울	가을	여름	봄
눈이 오다 / 춥다	날씨가 맑다 / 시원하다	비가 오다 / 덥다	날씨가 좋다 / 따뜻하다
스키장에 가다	단풍을 구경하다	수영장에 가다	꽃을 구경하다

연습2 고향 날씨에 대해 써 보세요. 그리고 친구들 앞에서 발표해 보세요.
Write about the weather in your hometown. Make a presentation to the class.

제 고향은 ____________ 입니다.
____
____
____

고향 hometown 스키장 ski resort 뉴욕 New York 단풍 autumn foliage 베이징 Beijing 수영장 swimming pool 꽃 flower

듣고 말하기 Listening and Speaking

준비 오늘은 날씨가 어때요? How is the weather today?

듣기1 잘 듣고 맞는 그림을 고르세요. track 76
Listen carefully and choose the correct picture.

1) ①  ② 

2) ①  ② 

3) ①  ② 

4) ①  ② 

준비 부산을 알아요? 부산에 뭐가 있어요?
Do you know anything about Busan? What can we see there?

듣기2 잘 듣고 맞는 것을 고르세요. track 77
Listen carefully and choose the correct answer.

1) 나나는 주말에 무엇을 했어요?

① 토요일  ↓ 일요일 

② 토요일  ↓ 일요일 

③ 토요일 

↓ 일요일 

2) 맞는 것을 고르세요.

① 바다에 갔지만 재미없었어요.
② 생선은 비싸지만 맛있었어요.
③ 부산은 토요일에 날씨가 더웠어요.

말하기 여러분은 어디에 갔어요? 친구와 이야기해 보세요.
Where have you been to? Interview your classmates.

질문	친구 1	친구 2	친구 3
1) ○○ 씨는 어디에 갔어요?	부산		
2) ______은/는 날씨가 어땠어요?	조금 더웠어요		
3) ______은/는 음식이 어땠어요?	싸고 맛있었어요		
4) 뭐가 재미있었어요?	시장 구경		

바다 sea 생선 fish 부산 a city in Korea

읽고 쓰기 Reading and Writing

준비 여러분은 무슨 계절을 좋아해요? What is your favorite season?

읽기 다음을 읽고 질문에 답하세요.
Read the passage and answer the following questions.

HOME ENGLISH 전체보기

about Korea plan your trip culture food shopping

Community Buzz

한국의 가을과 겨울

10월 25일 토요일 / 파울로

제 이름은 파울로입니다.
저는 작년 가을에 브라질에서 왔습니다. 제 고향 브라질리아는 항상 여름입니다. 그래서 저는 작년에 단풍과 눈을 처음 구경했습니다.
한국은 가을에 시원합니다. 하늘이 맑고 깨끗합니다. 겨울에는 눈이 옵니다. 저는 친구하고 같이 눈사람을 만들고 스키장에 갔습니다. 추웠지만 재미있었습니다.
한국은 봄과 여름도 좋지만 저는 가을과 겨울을 아주 좋아합니다.
여러분은 무슨 계절을 좋아합니까?

1) 파울로는 작년 겨울에 무엇을 했어요? 모두 고르세요.

① 

② 

③ 

2) 맞는 것을 모두 고르세요.

① 파울로 고향은 항상 덥습니다.

② 파울로는 한국에서 단풍을 처음 봤습니다.

③ 파울로는 봄과 여름을 안 좋아합니다.

작년 last year 브라질 Brazil 에서 from 브라질리아 Brazilia 항상 always 처음 for the first time 하늘 sky 눈사람 snowman 만들다 to make

쓰기 여러분도 좋아하는 계절에 대해 써 보세요.
Write about your favorite season.

HOME ENGLISH 전체보기

about Korea plan your trip culture food shopping

Community Buzz

저는 ____________을 좋아합니다.

_____월 _____일 _____요일 / ______________

과제 Task

여행을 가기 위해 필요한 물건을 준비해 보세요. Let's pack for a trip!

물건 카드는 모두 책상 위에 놓으세요. 각각 한 장씩 받은 날씨 카드를 보고 어디에 가는지 친구와 이야기해 보세요. (카드 → p.218, p.219) Place all item cards on the desk. You will receive one weather card each. Where are you going? Tell your classmates about your travel destination.

돌아가면서 여행 가는 곳의 날씨에 맞는 문장을 만드세요. 맞는 문장의 수만큼 원하는 물건을 가져가세요. Take turns creating sentences matching the weather condition on your card. For every correct sentence, you can take an item that you wish to have on the desk.

어떤 물건을 준비했는지 이야기해 보세요. Talk about the cards that you have.

태국 Thailand 수영하다 to swim 망고 mango 선글라스 sunglasses 부채 fan 슬리퍼 slippers

문화 산책 Culture Note

준비 여러분은 여름에 무엇을 먹어요? 겨울에는 무엇을 먹어요?
What do you eat in the summer? What do you eat in the winter?

알아보기 이것은 삼계탕입니다.
한국 사람들은 여름에 날씨가 덥지만 삼계탕을 먹습니다.

이것은 냉면입니다.
한국 사람들은 겨울에 날씨가 춥지만 냉면을 먹습니다.

생각 나누기 여러분 나라에도 계절 음식이 있어요? 소개해 주세요.
Are there any seasonal foods in your country? Introduce some foods to the class.

삼계탕 chicken soup with ginseng and other ingredients 들 pluralizing suffix

발음 Pronunciation

준비 들어 보세요. track 78
Listen to the following.

1) 춥습니다
2) 학생입니다
3) 연습 문제

규칙 받침소리 [ㅂ]은 뒤에 'ㄴ, ㅁ'이 오면 [ㅁ]으로 발음됩니다.
When the final consonant sound [ㅂ] is followed by a syllable beginning with 'ㄴ, ㅁ', [ㅂ] is pronounced as [ㅁ].

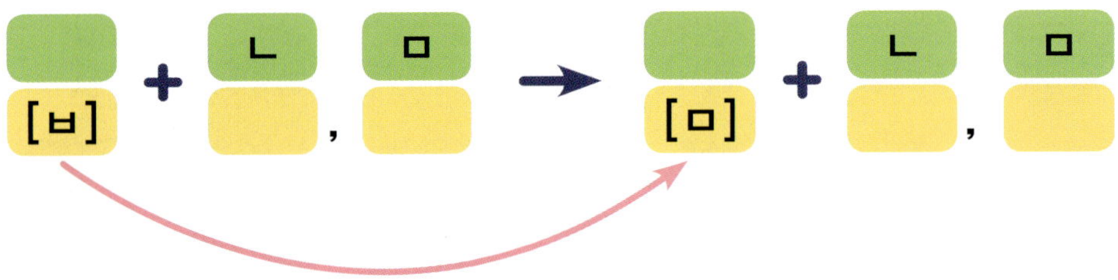

예] 갑니다[감니다] / 먹습니다[먹씀니다] / 앞문[암문]

연습 잘 듣고 따라 해 보세요. track 79
Listen carefully and repeat the following sentences.

1) 저는 프랑스 사람입니다.
2) 우리는 한국어를 배웁니다.
3) A 지금 무엇을 합니까?
   B 책을 읽습니다.
4) A 얼마입니까?
   B 십만 원입니다.

자기 평가 Self-Check

1. 아는 단어에 ✓ 하세요.
   Check all the words that you know.

☐ 날씨	☐ 맑다	☐ 따뜻하다
☐ 시원하다	☐ 덥다	☐ 눈
☐ 비	☐ 여름	☐ 겨울

2. 알맞은 말을 골라 대화를 완성하세요.
   Fill in the blank using the correct word from the box.

춥다	어렵다	맵다	무겁다

1) 오늘 날씨가 어떻습니까? – 아주 (   )요.

2) 시험이 어때요? – (   )요.

3) 이거 (   )요? – 아니요, 안 맵고 맛있어요.

3. 그림을 보고 대화를 완성하세요.
   Look at the pictures and complete each dialogue.

1)

저는 김치를 ______________ 친구는 김치를 안 먹어요.

2)

A 스티븐 씨, 요즘 뭐 해요?

B 한국어를 ____________ 영어를 가르쳐요.

정답

2. 1) 추워 2) 어려워 3) 매워 **3.** 1) 먹지만 2) 배우고

번 역 Translation

어휘

눈이 오다	to snow
덥다	to be hot
따뜻하다	to be warm
맑다	to be clear
비가 오다	to rain
시원하다	to be refreshing
춥다	to be cold
흐리다	to be cloudy
계절	season
봄	spring
여름	summer
가을	autumn
겨울	winter
가볍다	to be light
무겁다	to be heavy
쉽다	to be easy
어렵다	to be difficult
맵다	to be spicy

말하기 1

Akira	How is the weather in Seoul today?
Minsu	It's hot. Is it also hot in Tokyo?
Akira	No, it isn't. It was hot yesterday but it is not hot today.
Minsu	Oh, really? When are you coming to Seoul?
Akira	I am going on Saturday.
Minsu	Then have a safe trip here.

말하기 2

My hometown is Paris.

It is winter in Paris now.

In Paris, it snows and it is cold in the winter.

People go skiing.

What is the weather like in your hometown?

8 영화 볼까요?

Shall we watch a movie?

학 습 목 표

어 휘	• 여가 활동 Leisure activities
문법과 표현 1	• V-(으)ㄹ까요? • 'ㄷ' 불규칙
말하기 1	• 제안하기 Making suggestions
문법과 표현 2	• 이[그, 저] N • A/V-네요
말하기 2	• 느낌 표현하기 Expressing feeling
듣고 말하기	• 여가 활동 제안하는 대화 듣기 Listening to the suggestions about leisure activities • 여가 활동에 대한 대화 듣기 Listening to a conversation about leisure activities • 여가 활동 제안하기 Making suggestions about leisure activities
읽고 쓰기	• 같이 운동할 사람을 찾는 글 읽기 Reading an advertisement for finding an exercise buddy • 여가 활동을 함께 할 친구 찾는 글 쓰기 Writing an advertisement for finding friends
과 제	• 데이트 제안하기 Asking for a date
문화 산책	• 이성 친구를 만나는 방법 How to find a boyfriend / girlfriend
발 음	• 청유문의 억양 Intonation of propositive sentences

어 휘 Vocabulary

1. 알맞은 것을 연결하세요.

   Match each picture with the appropriate verb.

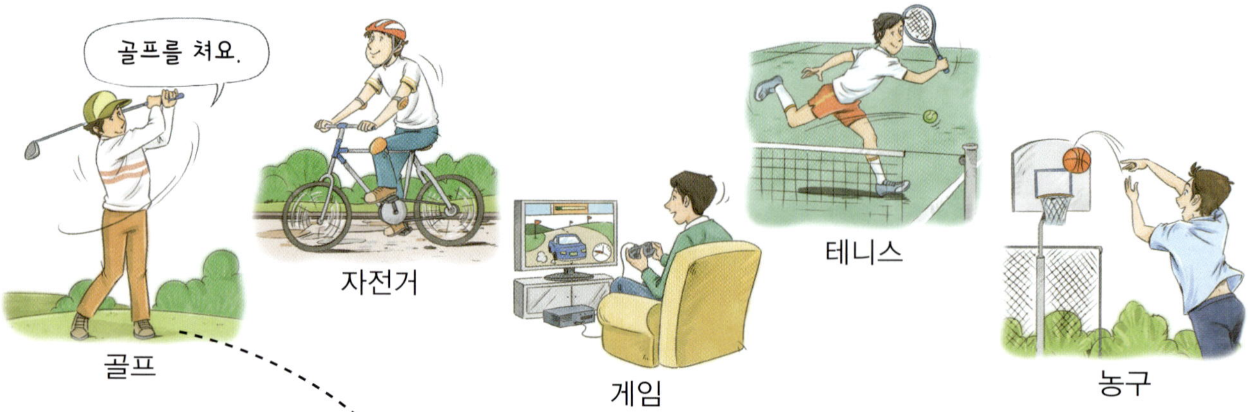

치다　　타다　　하다

2. 주말에 뭘 해요? 번호를 쓰세요.

   What do you do on the weekends? Write the number of each description next to the matching picture.

① 낮잠을 자다

② 등산(을) 하다

③ 산책(을) 하다

④ 여행(을) 하다

⑤ 노래방에 가다

⑥ 찜질방에 가다

문법과 표현 1 Grammar and Expression 1

1. V-(으)ㄹ까요?

track 80

A 주말에 같이 영화 볼까요?

B 네, 좋아요.

예

- 노래방에 갈**까요**? – 네, 같이 가요.
- 여기에 앉**을까요**? – 네, 좋아요.
- 내일은 누굴 만날**까요**? – 우리 나나를 만나요.
- 뭘 먹**을까요**? – 비빔밥을 먹어요.

누구 + 를 = 누구를 → 누굴
뭐 + 를 = 뭐를 → 뭘

연습1 친구와 이야기해 보세요.
Practice conversations as shown in the example.

보 기

3) 어디에서 만날까요?	
4) 뭘 먹을까요?	
5) 뭘 마실까요?	
6) 뭘 할까요?	
7) ____________________?	

2. 'ㄷ' 불규칙

track 81

A 우리 같이 걸을까요?
B 네, 좋아요.

예

- 어제 뭘 했어요? – 공원에서 걸었어요.
- 우리 버스를 탈까요? – 아니요, 걸어서 가요.
- 한국 음악은 듣지만 한국 뉴스는 안 들어요.
- 라디오를 잘 들으세요.

걷다 + -어요 → 걸어요
걷다 + -었어요 → 걸었어요
걷다 + -으세요 → 걸으세요

연습1 친구와 이야기하세요. Interview your classmates.

질문	친구 1	친구 2	친구 3
1) 어제 한국어 CD를 들었어요?			
2) 요즘 무슨 음악을 들어요?			
3) 집에 걸어서 가요?			

걷다 to walk　버스 bus　타다 to ride　걸어서 가다 to go on foot　음악 music　듣다 to listen　뉴스 news　라디오 radio　잘 well

말하기 1 Speaking 1

track 82

정우 켈리 씨, 한국 생활이 어때요?
켈리 한국어 공부는 재미있지만 주말에는 조금 심심해요.
정우 그래요? 그럼 주말에 같이 자전거 탈까요?
켈리 좋아요. 어디에서 탈까요?
정우 한강에서 타요.
켈리 네. 그런데 한강에 어떻게 가요?
정우 가까워요. 걸어서 가요.

재미있지만
[재미읻찌만]

어떻게
[어떠케]

연습1 친구와 연습해 보세요.
Practice with your partner.

1)	2)	3)	4)
자전거를 타다	등산을 하다	스케이트를 타다	테니스를 치다
어디에서 타다	어디에 가다	어디에서 타다	어디에서 치다
한강에서 타다	관악산에 가다	시청 앞에서 타다	서울 공원에서 치다

연습2 친구와 이야기해 보세요.
You are bored. Make a plan with a partner.

생활 life 조금 a little 심심하다 to be bored 한강 a river in Seoul 그런데 by the way 어떻게 how 가깝다 to be close 관악산 a mountain in Seoul 시청 city hall

문법과 표현 2 Grammar and Expression 2

1. 이[그, 저] N

track 83

A 무슨 영화를 볼까요?

B 이 영화를 봐요.

예

- **이** 가방 얼마예요? – **그** 가방은 3만원이에요.
- **저** 사람은 한국 가수예요.
- **이** 식당 음식이 맛있어요.

연습1 그림을 보고 [보기]와 같이 이야기해 보세요.
Create a dialogue for each picture as shown in the example.

2. A/V-네요

track 84

A 여기가 명동이에요.

B 와, 사람이 정말 많네요.

예

- 모자가 정말 싸**네요**.
- 더워요? – 네, 조금 덥**네요**.
- 비가 많이 오**네요**.
- 마리코 씨는 밥을 정말 조금 먹**네요**.

연습1 카드의 그림을 보고 이야기해 보세요. (카드 → p.220)
Take turns creating sentences using the cards.

정말 really 많다 to be a lot

말하기 2 Speaking 2

track 85

정우　여기가 한강공원이에요.
켈리　와, 정말 시원하네요. 정우 씨는 이 공원에 자주 와요?
정우　네, 자주 와요. 우리 자전거 탈까요?
켈리　그래요.

⋮

정우　켈리 씨, 재미있어요?
켈리　네, 아주 재미있네요.
정우　그럼 우리 다음에 또 올까요?
켈리　좋아요.

> 재미있네요
> [재미인네요]

연습1 친구와 연습해 보세요.
Practice with your partner.

1)	2)	3)	4)
한강공원	관악산	찜질방	하나식당
시원하다/공원	좋다/산	크다/찜질방	사람이 많다/식당
자전거를 타다	걷다	저 방에 가다	불고기를 먹다
재미있다/아주	피곤하다/조금	덥다/조금	맛있다/아주
다음에 또 오다	좀 쉬다	식혜를 마시다	주말에 또 먹다

자주 often　그래요 okay　다음 next　피곤하다 to be tired　크다 to be big　식혜 sweet rice drink

연습2 친구와 같이 이야기하세요.

Practice conversations as shown in the example.

날씨가 어때요?

뭘 할까요? 어디에 갈까요?

저기 there

듣고 말하기 Listening and Speaking

준비 여러분은 언제 시간이 있어요? 그때 뭘 해요?
When do you have free time? What do you do in your free time?

듣기1 잘 듣고 연결하세요. track 86
Listen carefully and match each person with the corresponding activity.

1) 
스티븐

2) 
나나

3) 
민수

4) 
유진

① 

② 

③ 

④ 

⑤ 

⑥ 

준비 여러분은 친구하고 같이 뭘 해요?
What do you do with your friends?

듣기2 잘 듣고 맞는 것을 고르세요. track 87
Listen carefully and choose the correct answer.

1) 줄리앙은 주말에 뭘 해요?

① 

② 

③ 

2) 맞는 것을 고르세요.

① 줄리앙은 음악을 안 좋아해요.

② 줄리앙은 매일 음악을 들어요.

③ 줄리앙과 켈리는 토요일에 노래방에 가요.

말하기 친구와 이야기해 보세요. Interview your classmates.

○○ 씨는 언제 시간이 있어요?

한국어 수업이 끝나고 오후에 시간이 있어요.

그럼 오후에 뭘 해요?

저는 영화를 좋아해요. 그래서 극장에 자주 가요.

저도 영화를 좋아해요.

그럼 오늘 오후에 같이 영화 볼까요?

네, 좋아요.

	친구 1	친구 2	친구 3
언제?	오후에		
뭘 해요?	극장에서 영화를 봐요.		

수업 class 오후 afternoon

읽고 쓰기 Reading and Writing

준비 무슨 운동을 좋아해요? 누구하고 같이 해요?
What is your favorite sport? With whom do you play it?

읽기 다음을 읽고 질문에 답하세요.
Read the advertisement and answer the following questions.

같이 농구할까요?

저는 중국 학생 샤오밍입니다.
언어교육원에서 한국어를 배웁니다.
요즘 날씨가 좋습니다. 그래서 저는 농구를 자주 합니다.
수요일과 금요일에 점심을 먹고 농구를 합니다.
여러분도 농구를 좋아합니까? 그럼 같이 농구할까요?
제 전화번호는 010-0880-5488입니다.
전화하세요.

언제 : 수요일 & 금요일
어디 : 서울대 운동장

010-0880-5488
010-0880-5488
010-0880-5488
010-0880-5488
010-0880-5488
010-0880-5488
010-0880-5488
010-0880-5488
010-0880-5488
010-0880-5488

1) 샤오밍은 요즘 뭘 해요? 모두 고르세요.

①

②

③

2) 맞는 것을 고르세요.

① 요즘 춥고 비가 와요.

② 샤오밍은 수요일하고 금요일에 농구를 해요.

③ 샤오밍은 농구하고 점심을 먹어요.

운동장 athletic field

쓰기 여러분도 친구를 찾는 글을 써 보세요.
Write an advertisement for finding friends.

같이 ______________________?

과제 Task

데이트를 제안해 보세요. Ask someone out on a date.

선생님께 카드를 받으세요. 날씨가 어때요? 이런 날씨에 뭘 하고 싶은지 써 보세요. (카드 → pp. 221, 222) Your teacher will give you a card that shows a weather condition and a number. How's the weather? What would you like to do in this weather? List activities that you would like to do on the card.

같이 이야기할 친구가 누구예요? 카드 번호가 같은 친구를 찾으세요. Who is going to talk with you? Find a classmate who has the same number.

1 — 1

- 1번이 누구예요?
- 저예요.
- 우리 같이 이야기해요.

그 친구가 여러분이 데이트할 사람이에요. 그 친구와 같이 뭘 하고 싶어요? The person who has the same number will be your date. What would you like to do with them?

- 날씨가 좋네요.
- 네, 그래요.
- 같이 산책할까요?
- 네, 좋아요. 산책해요.
- 우리 산책하고 쇼핑도 할까요?
- 미안하지만 저는 쇼핑을 안 좋아해요. 우리 아이스크림을 먹을까요?
- 좋아요. 아이스크림을 먹어요. 그리고…….
- ⋮
- 주말에 또 만날까요? → 네, 좋아요. / 미안하지만 시간이 없어요.

두 사람이 같이 무엇을 했어요? 주말에 또 만나요? 친구들에게 이야기해 보세요. What did you do together? Are you going to see each other again? Tell your classmates about your experience.

번 number

문화 산책 Culture Note

준비 여러분은 남자 친구 / 여자 친구를 어디에서 처음 만났어요?
Where did you first meet your boyfriend / girlfriend?

알아보기

한국에서는 보통 학생들이 미팅을 합니다.
미팅에서는 남자, 여자를 친구들과 같이 만납니다.

친구가 남자와 여자를 소개했습니다.
두 사람은 소개팅을 합니다.

웃어른이 남자와 여자를 소개했습니다.
두 사람은 선을 봅니다.

생각 나누기 여러분 고향에서는 남자, 여자를 어떻게 만나요? 이야기해 보세요.
How do you find a date in your home country? Talk about the dating culture of your country.

보통 usually　미팅 blind date with a group of friends　소개하다 to introduce　소개팅 blind date　웃어른 senior
선을 보다 to have a blind date arranged by someone senior for the purpose of marriage

발음 Pronunciation

준비 들어 보세요. track 88
Listen to the following sentences.

1) 지금 숙제해요.
2) 같이 숙제해요.

규칙 청유문은 끝을 약간 올렸다가 내립니다.
Propositive sentences rise slightly and then fall in intonation.

예] A 나나 씨, 지금 어디에 가요?
B 극장에 가요.

A 우리 어디에 갈까요?
B 극장에 가요.

연습 잘 듣고 따라 해 보세요. track 89
Listen carefully and repeat the following sentences.

1) A 어디에서 만날까요?
B 학교 앞에서 만나요.
2) A 버스를 탈까요?
B 아니요, 길이 복잡해요. 지하철을 타요.
3) A 뭐 먹을까요?
B 불고기 먹어요.
4) A 무슨 노래 들을까요?
B 한국 노래 들어요.

자기 평가 Self-Check

1. 아는 단어에 ✓ 하세요.
Check all the words that you know.

☐ 농구를 하다	☐ 자전거를 타다	☐ 축구를 하다
☐ 여행을 하다	☐ 등산을 하다	☐ 기타를 치다
☐ 심심하다	☐ 피곤하다	☐ 가깝다

2. 알맞은 것을 골라 대화를 완성하세요..
Fill in each blank using the correct word from the box.

듣다	걷다

1) 날씨가 따뜻하네요. 같이 (　　　　　)요? – 네, 좋아요.

2) 요즘 무슨 음악을 (　　　　　)요?

3. 그림을 보고 대화를 완성하세요.
Look at the pictures and complete each dialogue.

1) A 내일 같이 ____________________?
B 네, 좋아요.

2) A 여기가 서울시장이에요.
B 와, ____________________.

정답
2. 1) 걸을까요 2) 들어요 3. 1) 테니스를 칠까요 2) 사람이 많네요 / 복잡하네요

번 역 Translation

어휘

게임을 하다	to play a game
골프를 치다	to play golf
기타를 치다	to play the guitar
농구를 하다	to play basketball
당구를 치다	to play billiards
스케이트를 타다	to skate
스키를 타다	to ski
자전거를 타다	to ride a bicycle
축구를 하다	to play soccer
테니스를 치다	to play tennis
피아노를 치다	to play the piano
낮잠을 자다	to take a nap
노래방에 가다	to go to a singing room
등산(을) 하다	to climb a mountain
산책(을) 하다	to stroll
여행(을) 하다	to travel
찜질방에 가다	to go to a Korean sauna

말하기 1

Jeongu Kelly, how is your life in Korea?
Kelly Studying Korean is interesting. But I am a little bored on the weekend.
Jeongu Really? Then shall we take a bicycle ride on the weekend?
Kelly That's good. Where shall we ride?
Jeongu Let's ride along the Hangang.
Kelly Okay. By the way how do we get there?
Jeongu It is close. We can walk.

말하기 2

Jeongu This is Hangang Park.
Kelly Wow, it is really refreshing. Do you come here often, Jeongu?
Jeongu Yes, I come here often. Shall we take a bicycle ride?
Kelly Okay.

·
·
·

Jeongu Is it fun, Kelly?
Kelly Yes, it is very fun.
Jeongu Then would you like to come here again next time?
Kelly That sounds good.

부록 Appendix

활동지	Activity Sheets
문법 해설	Grammar Extension
문화 해설	Culture Extension
듣기 지문	Listening Scripts
모범 답안	Answer Key
어휘 색인	Glossary

활동지 Activity Sheets

1과 듣고 말하기

p.62

이름 :
직업 :
전화번호 :
E-mail :

이름 :
직업 :
전화번호 :
E-mail :

이름 :
직업 :
전화번호 :
E-mail :

이름 :
직업 :
전화번호 :
E-mail :

이름 :
직업 :
전화번호 :
E-mail :

이름 :
직업 :
전화번호 :
E-mail :

이름 :
직업 :
전화번호 :
E-mail :

이름 :
직업 :
전화번호 :
E-mail :

이름 :
직업 :
전화번호 :
E-mail :

이름 :
직업 :
전화번호 :
E-mail :

A팀		B팀	
이름 : 마이클 국적 : 직업 :	이름 : 니콜 국적 : 직업 :	이름 : 마이클 국적 : 영국 직업 : 기자	이름 : 니콜 국적 : 캐나다 직업 : 선생님
이름 : 카말 국적 : 직업 :	이름 : 알렉스 국적 : 직업 :	이름 : 카말 국적 : 인도 직업 : 요리사	이름 : 알렉스 국적 : 미국 직업 : 군인
이름 : 나타샤 국적 : 직업 :	이름 : 이링 국적 : 직업 :	이름 : 나타샤 국적 : 러시아 직업 : 회사원	이름 : 이링 국적 : 중국 직업 : 학생
이름 : 마리아 국적 : 직업 :	이름 : 저스틴 국적 : 직업 :	이름 : 마리아 국적 : 독일 직업 : 의사	이름 : 저스틴 국적 : 영국 직업 : 가수
이름 : 국적 : 직업 :	이름 : 국적 : 직업 :	이름 : 국적 : 직업 :	이름 : 국적 : 직업 :

활동지 A, B를 보고 이야기해 보세요.
Using activity sheets A & B, ask each other questions and fill in the blanks.

[활동지 B]

이거는 [그거는, 저거는] 뭐예요?

이거는 [그거는, 저거는] ______이에요/예요.

① 지도 ④ 자

② ______ ⑤ 칠판

③ ______ ⑥ ______

마시다	공부하다	보다
사다	만나다	마시다
먹다	읽다	배우다
사다	보다	하다
만나다	하다	먹다
하다	배우다	사다

책	카메라	김치
커피	한국어	신문
영화	밥	친구
텔레비전	태권도	숙제
운동	영어	선생님
일	초콜릿	주스

4과 문법과 표현 1-2

p.112

지금 어디에 있어요? 활동지 A, B를 보고 이야기해 보세요.
Using activity sheets A&B, ask each other questions to find out where these people are.

[활동지 B]

4과 과제 p.121

[쇼핑몰 안내도]

[장소 카드]

어디에 가요?	어디에 있어요?
약국	

어디에 가요?	어디에 있어요?
은행	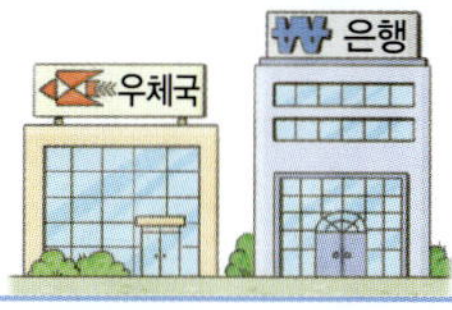

어디에 가요?	어디에 있어요?
옷 가게	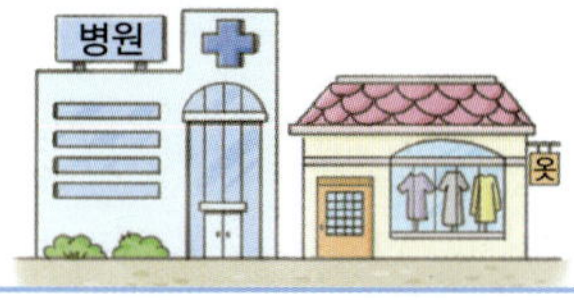

어디에 가요?	어디에 있어요?
피자 가게	

어디에 가요?	어디에 있어요?
백화점	

어디에 가요?	어디에 있어요?
극장	

어디에 가요?	어디에 있어요?
식당	

어디에 가요?	어디에 있어요?
커피숍	

어디에 가요?	어디에 있어요?
병원	

어디에 가요?	어디에 있어요?
피자 가게	

어디에 가요?	어디에 있어요?
미용실	

어디에 가요?	어디에 있어요?
커피숍	

어디에 가요?	어디에 있어요?
화장실	

어디에 가요?	어디에 있어요?
백화점	

5과 과제

p.139

	누구하고?	뭐 했어요?
월요일		
화요일		
수요일		
목요일		
금요일		
토요일		
일요일		

6과 말하기 2 p.154

활동지 A, B를 보고 이야기해 보세요.
Using activity sheets A & B, ask each other questions and fill in the blanks.

[활동지 B]

> 하나마트는 사과 다섯 개에 얼마예요?

> 사천구백 원이에요.

활동지 A, B를 보고 이야기해 보세요.
Using activity sheets A & B, ask each other questions and fill in the blanks.

[활동지 B]

월요일 메뉴는 뭐예요?

B메뉴는 비빔밥이에요.

얼마예요?

이천오백 원이에요.
A메뉴는 뭐예요?

	A메뉴		B메뉴	
	음식	가격	음식	가격
월요일		₩	비빔밥 	₩2,500
화요일		₩	샌드위치 	₩1,500
수요일		₩	냉면 	₩3,200
목요일		₩	햄버거 	₩2,200
금요일		₩	김밥 	₩2,000

활동지 A, B를 보고 이야기해 보세요.
Using activity sheets A & B, ask and answer each other as shown in the example.

[활동지 B]

보 기

런던은 날씨가 어때요?

따뜻해요.

비가 와요?

아니요. 비가 안 와요.
날씨가 좋아요.

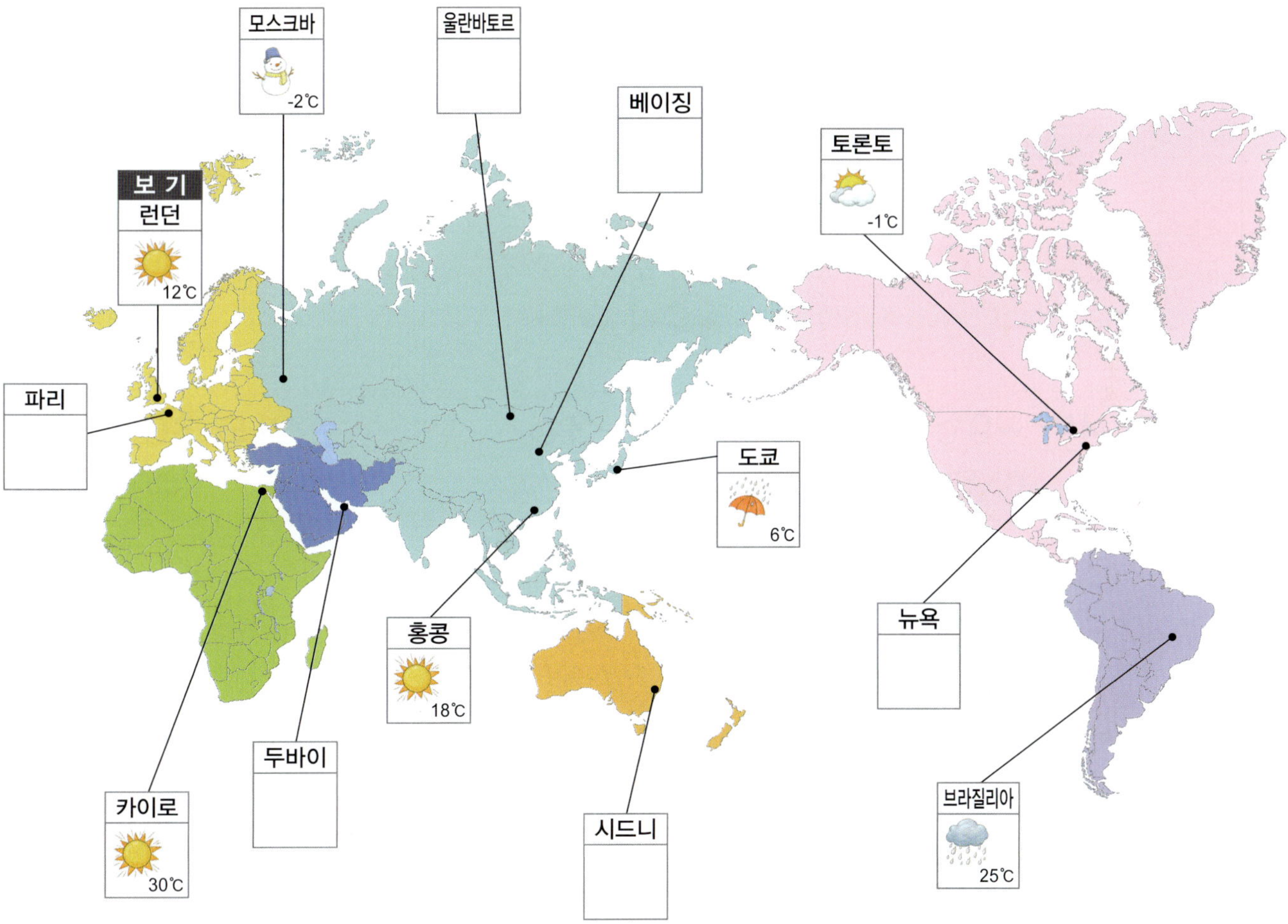

일본 15℃
(59℉)

독일 –5℃
(23℉)

베트남 32℃
(89.6℉)

러시아 –9℃
(15.8℉)

터키 –3℃
(26.6℉)

인도 30℃
(86℉)

말레이시아 35℃
(95℉)

프랑스 9℃
(48.2℉)

캐나다 –10℃
(14℉)

7과 과제

p.180

우산

목도리

선글라스

장갑

지도

슬리퍼

비옷

부채

스케이트

수영복

장화

코트

모자

카메라

스키

전자사전

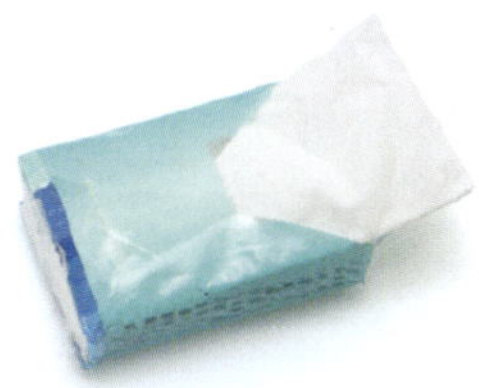
휴지

모자

8과 문법과 표현 2-2

p.193

8과 과제

p.200

1

뭘 할까요?

1

뭘 할까요?

2

뭘 할까요?

2

뭘 할까요?

3

뭘 할까요?

3

뭘 할까요?

4

뭘 할까요?

4

뭘 할까요?

8과 과제

p.200

5

뭘 할까요?

5

뭘 할까요?

6

뭘 할까요?

6

뭘 할까요?

7

뭘 할까요?

7

뭘 할까요?

8

뭘 할까요?

8

뭘 할까요?

문법 해설 Grammar Extension

1과

1. 인사말

p.55

'안녕하세요?'는 누군가를 만났을 때 하는 가장 일반적인 인사로, 때와 관계없이 아침, 낮, 저녁 언제든지 사용 가능하다.

'안녕하세요?' is the most widely used greeting term in Korean, which can be used at anytime of the day.

예) **안녕하세요? – 안녕하세요?**

격식적인 상황에서는 '안녕하십니까?'를 사용한다.

'안녕하십니까?' is used in a more formal setting.

'만나서 반가워요'는 누군가를 처음 만났을 때 하는 인사이다.

'만나서 반가워요' is used when first meeting a person in an informal setting. The English equivalent of this expression is 'Nice to meet you'.

예) 만나서 반가워요. – 만나서 반가워요.
반가워요. – 반가워요.

격식적인 상황에서는 '반갑습니다'를 사용한다.

'반갑습니다' is used in a more formal setting.

예) **만나서 반갑습니다. – 반갑습니다.**

'안녕히 가세요'와 '안녕히 계세요'는 모두 헤어질 때 사용하는 인사로 그 장소를 떠나는 사람에게는 '안녕히 가세요'라고 인사하고, 그 장소에 남는 사람에게는 '안녕히 계세요'라고 인사한다.

Both '안녕히 가세요' and '안녕히 계세요' are used to say goodbye. '안녕히 가세요' is used when the person being spoken to is leaving. '안녕히 계세요' is used when the person being spoken to is staying, and the speaker is leaving.

예) **안녕히 가세요. – 안녕히 가세요.**
안녕히 가세요. – 안녕히 계세요.

격식적인 상황에서는 '안녕히 가십시오'와 '안녕히 계십시오'를 사용한다.

'안녕히 가십시오' and '안녕히 계십시오' are used in a more formal setting.

2. N은/는 N이에요/예요

p.56

'은/는'은 문장의 주제를 나타낼 때 사용한다.

'은/는' is used to indicate the topic of the sentence. In other words, it marks the phrase that the sentence is about.

명사와 결합한다. '은/는' attaches to nouns.

받침 X	받침 O
저 + 는 → 저**는**	스티븐 + 은 → 스티븐**은**

예) 저는 유진이에요.
　　스티븐은 미국 사람이에요.

'이에요/예요'는 비격식적인 상황에서 주어의 상태나 속성을 묻고 답할 때 사용한다.
'이에요/예요' is a sentence ending used for asking or stating about the identification of the sentence subject in an informal setting.

명사와 결합한다. '이에요/예요' attaches to nouns.

받침 X	받침 O
나나 + 예요 → 나나**예요**	학생 + 이에요 → 학생**이에요**

예) 저는 나나**예요**.
　　마이클은 기자**예요**? – 네, 마이클은 기자**예요**.
　　저는 학생**이에요**.
　　샤오밍 씨는 중국 사람**이에요**? – 네, 저는 중국 사람**이에요**.

문장의 끝을 올리면 질문이 되고, 문장의 끝을 내리면 대답이 된다.
When asking a question, raise the intonation at the end of the sentence. When answering a question, lower the intonation at the end of the sentence.

예) 정우는 한국 사람이에요?
　　정우는 한국 사람이에요.

3. N입니까?, N입니다

p.58

격식적인 상황에서 주어의 상태나 속성을 묻고 답할 때 사용한다.
'입니까?, 입니다' is used for asking or stating about the identification of the sentence subject in a formal setting.

명사와 결합한다. '입니까?, 입니다' attaches to nouns.

	받침 X	받침 O
입니까	기자 + 입니까 → 기자**입니까**	미국 사람 + 입니까 → 미국 사람**입니까**
입니다	나나 + 입니다 → 나나**입니다**	학생 + 입니다 → 학생**입니다**

예) 마이클 씨는 기자**입니까**? – 네, 저는 기자**입니다**.
　　스티븐 씨는 미국 사람**입니까**? – 네, 스티븐 씨는 미국 사람**입니다**.
　　저는 나나**입니다**.
　　스티븐은 학생**입니다**.

4. N이/가 아닙니다

p.59

격식적인 상황에서 주어의 상태나 속성에 대한 어떤 사실을 부정할 때 사용한다.
'이/가 아닙니다' is used to negate the identification of the sentence subject.

명사와 결합한다. '이/가 아닙니다' attaches to nouns.

받침 X	받침 O
의사 + 가 아닙니다 → 의사**가 아닙니다**	미국 사람 + 이 아닙니다 → 미국 사람**이 아닙니다**

예) 스티븐 씨는 의사입니까? – 아니요, 저는 의사**가 아닙니다**.
마이클 씨는 미국 사람입니까? – 아니요, 저는 미국 사람**이 아닙니다**.
저는 아키라**가 아닙니다**.
저는 프랑스 사람**이 아닙니다**. 캐나다 사람입니다.

비격식적인 상황에서는 '이/가 아니에요'를 사용한다.
'이/가 아니에요' is used in an informal setting.

예) 저는 아키라**가 아니에요**.
저는 미국 사람**이 아니에요**.

2과

1. N이/가 있어요[없어요]

p.73

'이/가 있어요'는 사람이나 사물을 가지고 있을 때 사용한다. '이/가 없어요'는 사람이나 사물을 가지고 있지 않을 때 사용한다.

'이/가 있어요' is used to express possession of an item or person. '이/가 없어요' is the opposite of 'N이/가 있어요' expressing that an item or person is not in possession.

명사와 결합한다. '이/가 있어요[없어요]' attaches to nouns.

받침 X	받침 O
남자 친구 + 가 → 남자 친구**가 있어요** / 남자 친구**가 없어요**	우산 + 이 → 우산**이 있어요** / 우산**이 없어요**

예) 저는 남자 친구**가 있어요**.
나나 씨는 남자 친구**가 없어요**.
우산**이 있어요**? – 아니요, 우산**이 없어요**.

말할 때는 '이/가'를 생략할 수 있다.
'이/가' can be omitted in spoken language.

예) 동전**이** 있어요? = 동전 있어요?

2. 이거는 [그거는, 저거는] N이에요/예요

p.74

'이거'는 화자로부터 가까운 것을 지칭할 때 사용한다.
'그거'는 청자로부터 가까운 것을 지칭할 때 사용한다.
'저거'는 화자와 청자로부터 먼 것을 지칭할 때 사용한다.

'이거' is used to point out something that is close to the speaker.
'그거' is used to point out something that is close to the listener.
'저거' is used to point out something that is far from both the speaker and the listener.

명사와 결합한다. '이에요/예요' attaches to nouns.

받침 X	받침 O
지도 + 예요 → **이거는** 지도**예요**. **그거는** 지도**예요**. **저거는** 지도**예요**.	사전 + 이에요 → **이거는** 사전**이에요**. **그거는** 사전**이에요**. **저거는** 사전**이에요**.

예) **이거는** 모자**예요**.
저거는 사전**이에요**.
그거는 한국 지도**예요**? – 아니요, 영국 지도**예요**.

말할 때는 '는'을 생략할 수 있다.
'는' can be omitted in spoken language.

예) **이거는** 뭐**예요**? = **이거** 뭐**예요**?

'그거'는 앞에서 이미 제시되어 청자가 알고 있는 것을 다시 언급할 때도 사용할 수 있다.
'그거' is also used to say something that the listener already knows because it was mentioned previously.

예) **이거는** 책**이에요**? – 아니요, **그거는** 공책**이에요**.

격식적인 상황에서는 '이것은[그것은, 저것은] N입니까?, N입니다'를 사용한다.
'이것은[그것은, 저것은] N입니까?, N입니다' is used in a formal setting.

예) 그것은 무엇입니까? – 이것은 제 한국어 책입니다.

3. N 주세요

p.77

상대에게 무엇을 달라고 요청할 때 사용한다.
'주세요' is used to request something.

명사와 함께 쓴다. '주세요' is used with nouns.

예) 지우개 **주세요**.
책 좀 **주세요**.

'좀'을 함께 쓰면 더 공손한 느낌을 줄 수 있다.
Adding '좀' after nouns can make requests more polite.

예) 지우개 **좀** 주세요.

4. N하고 N, N과/와 N

p.78

'하고'는 명사와 명사를 연결할 때 사용한다. 말할 때 주로 쓰인다.
'하고' is used to link two nouns. The English equivalent is 'and'. It is usually used in spoken language.

명사와 결합한다. '하고' attaches to nouns.

	받침 X	받침 O
하고	지우개 + 하고 → 지우개**하고**	학생 + 하고 → 학생**하고**

예) 콜라**하고** 주스가 있어요.
볼펜**하고** 공책 주세요.

'과/와'는 '하고'와 마찬가지로 명사와 명사를 연결할 때 사용하며, 격식적인 상황에서나 글 쓸 때 주로 쓰인다.

'과/와' has the same function as '하고'. However, it is more often used in a formal setting or in written language.

명사와 결합한다. '과/와' attaches to nouns.

	받침 X	받침 O
과/와	지우개 + 와 → 지우개**와**	학생 + 과 → 학생**과**

예) 지우개**와** 연필이 있어요.
　　학생**과** 선생님입니다.

'N(이)랑 N'은 말할 때 주로 쓰이며, 격식적인 상황에서는 사용하지 않는다.

'N(이)랑 N' is used in spoken language but is not used in a formal setting.

예) 지우개**랑** 연필 주세요.
　　학생**이랑** 선생님이에요.

두 개의 문장을 연결할 때 '하고'를 접속사로 쓰지 않도록 주의한다.

Be careful not to use '하고' as a connector when linking two sentences.

예) 이거는 책상이에요. 하고 저거는 의자예요. (X)
　　→ 이거는 책상이에요. 그리고 저거는 의자예요. (◯)

3과

1. V–아요/어요

p.93

비격식적인 상황에서 현재의 사실에 대해 설명하거나 질문할 때 사용한다.

'–아요/어요' is an informal-polite sentence ending used to make statements or ask questions in the present tense.

동사와 결합한다. '–아요/어요' attaches to verb stems.

ㅏ, ㅗ	하다	ㅓ, ㅜ, ㅣ···
만나다 + –아요 → 만나**요** 보다 + –아요 → 봐**요**	공부하다 → 공부**해요**	읽다 + –어요 → 읽**어요** 배우다 + –어요 → 배워**요**

예) 유진은 지금 친구를 만나**요**.
　　나나는 영화를 봐**요**.
　　공부**해요**? – 네, 공부**해요**.
　　줄리앙은 책을 읽**어요**.
　　스티븐 씨는 한국어를 배워**요**.

가까운 미래에 예정되어 있는 사실에 대해 말할 때도 사용할 수 있다.

This form can be used for an action planned to occur in the near future.

예) 오늘 뭐 **해요**? – 아르바이트**해요**.
　　저는 내일 일**해요**.

일반적인 사실이나 습관적인 행동을 말할 때도 사용한다.

This form can be also used for stating a fact or habitual action.

예) 스티븐은 학생이에요. 한국어를 공부**해요**.

저는 매일 신문을 읽**어요**.

2. N을/를

p.94

어떤 명사가 동사의 영향을 받는 대상임을 나타낸다.

'을/를' attaches to nouns and indicates that the noun is the direct object of a verb. In other words, this shows that the noun is affected by the action described in the verb.

명사와 결합한다. '을/를' attaches to nouns.

받침 X	받침 O
커피 + 를 → 커피**를**	밥 + 을 → 밥**을**

예) 마리코 씨는 커피**를** 마셔요.

저는 밥**을** 먹어요.

말할 때는 생략할 수도 있다.

'을/를' can be omitted in spoken language.

예) 뭐 해요? – 영화 봐요.

3. N에서

p.96

장소 명사와 함께 행동이 일어나는 곳을 나타낼 때 사용한다.

'에서' attaches to location nouns indicating that an action occurs there.

명사와 결합한다. '에서' attaches to nouns.

받침 X	받침 O
서울대학교 + 에서 → 서울대학교**에서**	극장 + 에서 → 극장**에서**

예) 서울대학교**에서** 한국어를 공부해요.

극장**에서** 영화를 봐요.

집**에서** 밥을 먹어요.

4. 안 V

p.97

부정문을 만들 때 사용한다.

'안' is used to negate a verb.

동사 앞에 쓴다. '안' is placed in front of the verb.

예) 친구를 **안** 만나요.

히엔 씨는 고기를 **안** 먹어요.

공부해요? – 아니요, 공부 **안** 해요.

+ '공부하다', '운동하다'처럼 명사와 '하다'가 결합된 동사를 부정할 때는 그 명사와 '하다' 사이에 '안'을 쓴다.

When negating a verb constructed from 'noun + 하다', '안' is never placed before the noun. It is inserted between the noun and '하다'.

예) 스티븐 씨는 안 운동해요. (X)

→ 스티븐 씨는 운동 **안** 해요. (◯)

4과

1. 여기가 N이에요/예요

p.111

현재 위치하고 있는 곳이나 장소에 대해 묻고 답할 때 사용한다.

This expression is used when asking questions and making statements about the place where the speaker is currently located.

장소 명사와 결합한다.

'이에요/예요' attaches to location nouns.

받침 X	받침 O
대학로 + 예요 → 대학로**예요**	명동 + 이에요 → 명동**이에요**

예) **여기가** 어디**예요**? – 대학로**예요**.

여기가 명동**이에요**.

여기가 인사동**이에요**? – 네, 인사동**이에요**.

+ '여기'는 화자가 자신이 있는 곳, 또는 자신에게서 가까운 곳을 가리킬 때 사용한다.

'저기'는 화자와 청자 모두에게서 멀리 떨어진 곳을 가리킬 때 사용한다.

'거기'는 화자에게서는 멀고 청자에게는 가까운 곳을 가리킬 때, 또는 앞에서 이미 언급한 장소나 생각 속의 장소를 가리킬 때 사용한다.

'여기' is used when pointing out a place where the speaker is or is close to.

'저기' is used when pointing out a place that is relatively far from both the speaker and the listener.

'거기' is used when pointing out a place that is close to the listener but far from the speaker. It is also used when pointing out a place already mentioned or not in sight.

예) **여기가** 명동**이에요**.

저기가 남산**이에요**.

저는 대학로에서 연극을 봐요. – 대학로? **거기가** 어디**예요**?

2. N에 있어요[없어요]

p.112

사람이나 사물이 존재하거나 위치하는 곳을 나타낸다. 그곳에 주어가 되는 사람이나 사물이 존재하는 경우에는 '있어요'를 사용하고, 그 반대의 경우에는 '없어요'를 사용한다.

'있어요' is used with 'N에' and expresses where something or someone is located. '없어요' is used to express non-existence or the absence of something or someone.

명사와 결합한다. '에 있어요[없어요]' attaches to nouns.

받침 X	받침 O
회사 + 에 → 회사**에**	교실 + 에 → 교실**에**

예) 아키라가 어디**에 있어요**? – 회사**에 있어요**.
스티븐이 교실**에 있어요**? – 아니요, 교실**에 없어요**.
중국 대사관은 명동**에 있어요**.

'N에'는 주어 앞으로도 올 수 있다.

A degree of flexibility is allowed in placing 'N에' within a sentence. It can come either before or after the subject.

예) 유진 씨가 교실**에 있어요**. = 교실**에** 유진 씨가 **있어요**.

현재 대화의 화제가 되는 장소 또는 앞에서 이미 제시되어 청자가 알고 있는 장소를 다시 언급하는 경우 '에는'을 사용하는 것이 자연스럽다. 이때 '에는'은 그 장소를 구체적으로 강조하는 의미를 갖는다.

When a place is the topic under discussion or has already been mentioned, '에는' can be used after the place, giving emphasis to the place.

예) 여기가 남산이에요. 남산**에는** N서울타워가 있어요.
명동에서 뭐 해요? – 쇼핑해요. 명동**에는** 백화점이 있어요.

3. N에 가요[와요]

p.114

장소 명사와 함께 그 장소로 이동하고 있음을 나타낼 때 사용한다. 말하고 있는 곳이 아닌 다른 장소를 목적지로 하는 경우에는 '가요'를 사용하고, 말하고 있는 곳을 목적지로 하는 경우에는 '와요'를 사용한다.

'에 가요' is used when one is going away from the place where the conversation is taking place. '에 와요' is used when one is coming to the place where the conversation is taking place.

명사와 결합한다. '에 가요[와요]' attaches to nouns.

받침 X	받침 O
학교 + 에 → 학교**에**	은행 + 에 → 은행**에**

예) 스티븐은 학교**에 가요**.
어디**에 가요**? – 가게**에 가요**.
은행**에 가요**? – 네, 은행**에 가요**.
친구가 한국**에 와요**.
스티븐은 오늘 학교**에 와요**? – 아니요, (학교**에**) 안 **와요**.

말하고 있는 곳이 목적지가 아니더라도 그 장소가 화자의 영역에 속하는 경우에는 '와요'를 사용한다.

'와요' is used when the addressee is coming to or toward some place where the speaker is or will be.

4. N 앞[뒤, 옆]

p.115

명사와 함께 써서 사람이나 사물의 위치를 그 명사와의 위치 관계를 통해 나타낼 때 사용한다. 명사가 향하고 있는 곳에 위치하면 '앞'을, 그 명사가 향하고 있는 방향과 반대되는 곳에 위치하면 '뒤'를, 그 명사의 왼쪽이나 오른쪽에 위치하면 '옆'을 사용한다.

Used with nouns, '앞, 뒤, 옆' denote the position or location of someone or something. The English equivalent for '앞' is in front of, '뒤' is back, '옆' is beside.

명사 뒤에 쓴다. '앞, 뒤, 옆' are placed after the noun.

예) 스티븐은 학교 **앞**에 있어요.

약국이 어디에 있어요? – 약국은 병원 **뒤**에 있어요.

신문이 텔레비전 **앞**에 있어요? – 아니요. 텔레비전 **옆**에 있어요.

주로 '에 있어요[없어요]'와 함께 쓴다.

These words are usually used with '에 있어요[없어요]'.

질문에 나온 말을 대답에서 다시 사용할 때는 '은/는'으로 답하는 것이 자연스럽다. 또한 말할 때는 대답의 'N은/는'을 생략할 수 있다.

It is more appropriate to use 'N은/는' when the N is used in the response for something previously asked. And 'N은/는' in the response can be omitted.

예) 백화점이 어디에 있어요? – 백화점은 병원 **옆**에 있어요. (○)

– 병원 **옆**에 있어요. (○)

➕ 기준이 되는 명사를 먼저 말하고 이어서 '앞'이나 '뒤', '옆'을 말한다. 순서가 바뀌지 않도록 주의한다.

'앞, 뒤, 옆' come after the noun that indicates the position. Be careful to use the correct word order.

예) 스티븐은 앞 아키라에 있어요. (X)

→ 스티븐은 아키라 **앞**에 있어요. (○)

신문은 옆에 텔레비전 있어요. (X)

→ 신문은 텔레비전 **옆**에 있어요. (○)

5과

1. 날짜와 요일

p.129

날짜를 나타낼 때는 '월'을 먼저 쓰고 그 다음에 '일'을 쓴다. '월'은 특정한 이름이 존재하지 않고 숫자와 결합하여 그 의미를 갖는다.

When expressing a date, the month comes before the day. In Korean, months are indicated by numbers.

숫자와 함께 쓴다.

Arabic numerals are used together with '월' to name the months, and with '일' to name the days.

1	2	3	4	5	6	7	8	9	10
일	이	삼	사	오	육	칠	팔	구	십

받침 X	받침 O
2월 5일 → 이**월** 오 **일**	8월 23일 → 팔**월** 이십삼 **일**

예) 오늘이 며칠이에요? – 구**월** 육 **일**이에요.

시험이 며칠이에요? – 팔**월** 이십삼 **일**이에요.

= 시험이 언제예요?

➕ 월은 숫자와 그대로 결합하지만 6월과 10월은 유월, 시월로 쓴다.

Pay attention to the change of spelling for '6월' and '10월' which are spelled '유월' and '시월' respectively.

예) 6월 6일 : **육월** 육 일 (X) → **유월** 육 일 (○)

10월 10일 : **십월** 십 일 (X) → **시월** 십 일 (○)

➕ '며칠'은 날짜를 물을 때만 사용하지만, '언제'는 날짜, 요일, 시간 등 더 넓은 범위에 대해 물을 때 사용한다.

While '며칠' is limited to asking for the date, '언제' is more broadly used to ask for the date, day of the week, time, etc.

예) 생일이 며칠이에요? – 3월 23일이에요.

= 생일이 언제예요?

'요일'은 일주일의 각 날을 의미한다.

'요일' indicates the days of the week.

'월, 화, 수, 목, 금, 토, 일'과 함께 쓴다.

'요일' attaches to '월, 화, 수, 목, 금, 토, 일'.

Mon	Tue	Wed	Thu	Fri	Sat	Sun
월	화	수	목	금	토	일

예) 오늘이 무슨 **요일**이에요? – 토**요일**이에요.
오늘이 목**요일**이에요? – 아니요, 수**요일**이에요.

'요일'을 물을 때는 '몇 요일'이라고 하지 않고 '무슨 요일'이라고 해야 한다.
Using '몇 요일' to ask for the days of the week is incorrect.

2. N에

p.130

시간 명사와 함께 행동이 일어난 때를 나타낼 때 사용한다. 날짜, 요일, 특정한 날과 함께 쓰일 수 있다.
'에' indicates the time when an action takes place. It can be used with dates, days of the week, and specific days.

시간 명사와 결합한다. '에' attaches to time nouns.

받침 X	받침 O
크리스마스 + 에 → 크리스마스**에**	월요일**에**

예) 언제 친구를 만나요? – 크리스마스**에** 친구를 만나요.
월요일**에** 뭐 해요? – 월요일**에**는 영어를 배워요.
이월 사일**에** 뭐 해요? – 이월 사일**에**는 친구를 만나요.

시간을 나타내는 명사와 함께 쓰지만, '어제, 오늘, 내일, 지금'과는 결합하지 않는다.
'어제, 오늘, 내일, 지금' are never used with '에'.

예) 내일**에** 영화를 봐요. (X)
→ 내일 영화를 봐요. (○)

시간이 앞에서 이미 언급되어 청자가 알고 있는 경우, '에는'을 사용하는 것이 자연스럽다. 이때, '에는'은 그 시간을 구체적으로 강조하는 의미를 갖는다.
When the time was previously mentioned, '에는' is used to emphasize the time.

예) 주말**에** 뭐 해요? – 주말**에는** 집에서 쉬어요.

3. V–았/었–

p.132

과거에 일어난 일을 나타낼 때 사용한다.
'–았/었–' is used to indicate that an action or event was completed.

동사와 결합한다. '–았/었–' is added to verb stems.

ㅏ, ㅗ	하다	ㅓ, ㅜ, ㅣ…
만나다 → 만나 + –았– → 만**났**어요 보다 → 보 + –았– → **봤**어요	운동하다 → 운동**했**어요	먹다 → 먹 + –었– → 먹**었**어요 마시다 → 마시 + –었– → 마**셨**어요

예) 어제 뭐 **했**어요? – 친구를 만**났**어요.
주말에 영화를 **봤**어요.
주말에 공원에서 운동**했**어요.
어제 피자를 먹**었**어요.

'–았–'의 경우에도 '–어요'와 결합한다.
When adding '–아요/어요', both '–았–' and '–었–' take '–어요'.

예) 창문을 닦았아요. (X)

→ 창문을 닦았**어요**. (○)

'이에요/예요'의 과거는 '이었어요/였어요'를 쓴다.

'이었어요/였어요' is used for past tense of '이에요/예요'.

예) 저는 기자였어요.

어제는 일요일이었어요.

4. V-고

p.117

두 가지 사건을 그 시간적 선후 관계에 따라 순차적으로 나열할 때 사용한다.

'-고' is used to list two events in the order they occurred.

동사와 결합한다. '-고' is added to verb stems.

받침 X	받침 O
보~~다~~ + -고 → 보**고**	먹~~다~~ + -고 → 먹**고**

예) 텔레비전을 보**고** 숙제를 해요.

밥을 먹**고** 차를 마셨어요.

과거의 행위라고 하더라도 '-고' 앞에는 과거 시제를 사용하지 않는다. 시제는 뒤에 오는 문장에만 쓴다.

When connecting two actions that have been completed, the first action preceding '-고' does not take '-았/었-'. Tense is only applied to the final clause in the sentence.

예) 어제 숙제했고 텔레비전을 봤어요. (X)

→ 어제 숙제하고 텔레비전을 봤어요. (○)

앞, 뒤 행위의 주어가 동일한 경우 뒤 문장의 주어는 생략한다.

When subject of the two clauses is the same, the subject is omitted in the second clause.

예) 줄리앙 씨는 영화를 봤어요. + 줄리앙 씨는 쇼핑했어요.

→ 줄리앙 씨는 영화를 보**고** 쇼핑했어요.

선행절과 후행절을 바꾸면 의미가 달라진다.

Switching the order of clauses can change the meaning of sentence.

예)

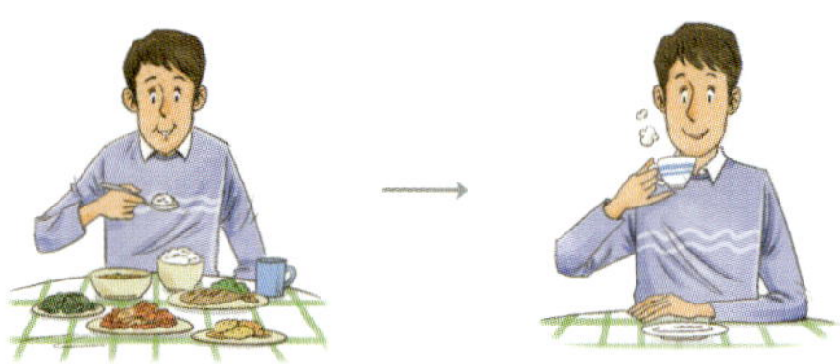

밥을 먹**고** 커피를 마셨어요.

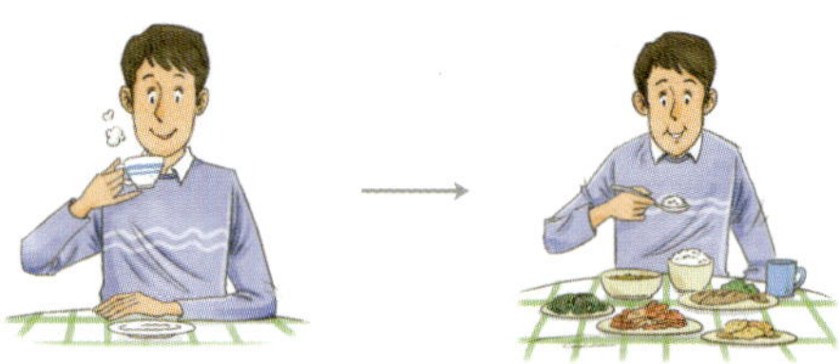

커피를 마시**고** 밥을 먹었어요.

다음과 같이 쓰지 않도록 주의한다.

'-고' should be used as follows.

예) 영화를 봐고 (X) → 영화를 **보**고 (○)

운동해고 (X) → 운동**하**고 (○)

커피를 마셔고 (X) → 커피를 마**시**고 (○)

6과

1. V-(으)세요

p.147

비격식적인 상황에서 다른 사람에게 요청 또는 제안하거나 공손하게 명령할 때 사용한다.

'-(으)세요' is used to politely make requests, suggestions or commands in an informal setting.

동사와 결합한다. '-(으)세요' is added to verb stems.

받침 X	받침 O
오다 + -세요 → 오**세요**	읽다 + -으세요 → 읽**으세요**

예) 어서 오**세요**.

커피 주**세요**.

숙제를 하고 텔레비전을 보**세요**.

한국어 책을 읽**으세요**.

여기 앉**으세요**.

'좀'을 함께 쓰면 더 공손한 느낌을 줄 수 있다.

Using with '좀' makes a request more polite.

예) 김치 주**세요**. 〈 김치 좀 주**세요**.

책을 읽**으세요**. 〈 책을 좀 읽**으세요**.

격식적인 상황에서는 '-(으)십시오'를 사용한다.

'-(으)십시오' is used in a formal setting.

예)

2. N 개[병, 잔, 그릇]

p.148

사물의 개수를 셀 때 사용한다. 사물의 종류에 따라 '개, 병, 잔, 그릇' 중에서 골라서 쓴다.

'개, 병, 잔, 그릇' are unit nouns for counting objects. The selection of the unit noun depends on the kind of noun it follows.

수관형사와 함께 쓴다.

'개, 병, 잔, 그릇' are used with numbers.

1	2	3	4	5	6	7	8	9	10
한	두	세	네	다섯	여섯	일곱	여덟	아홉	열

예) 빵 한 **개** 주세요.

맥주 두 **병** 마셨어요.

커피 세 **잔**하고 주스 두 **잔** 주세요.

냉면 네 **그릇** 주세요.

뭐 샀어요? – 사과 다섯 **개**하고 오렌지 여섯 **개** 샀어요.

➕ 사물의 이름을 먼저 말하고, 그 다음에 숫자, 마지막으로 '개, 병, 잔, 그릇'의 단위 명사를 말한다.

The appropriate sequence is 'name of the object + number + unit noun'.

➕ '1, 2, 3, 4'는 단위 명사와 함께 쓸 경우, '하나, 둘, 셋, 넷'이 아니라 '한, 두, 세, 네'로 말한다.

The numbers '하나, 둘, 셋, and 넷' are changed to '한, 두, 세, and 네' when used with a unit noun.

예) 사과 하나 개를 먹었어요. (X) → 사과 한 **개**를 먹었어요. (◯)

비빔밥 둘 그릇 주세요. (X) → 비빔밥 두 **그릇** 주세요. (◯)

냉장고에 맥주 셋 병 있어요. (X) → 냉장고에 맥주 세 **병** 있어요. (◯)

오늘 커피를 넷 잔 마셨어요. (X) → 오늘 커피를 네 **잔** 마셨어요. (◯)

3. N이/가 A–아요/어요

p.151

비격식적인 상황에서 명사의 현재 상태나 성격에 대해 설명하거나 질문할 때 사용한다.

'N이/가 A–아요/어요' is an informal-polite present tense form used to make statements or ask questions about the state or properties of a noun.

형용사와 결합한다.

'–아요/어요' attaches to adjective stems.

ㅏ, ㅗ	하다	ㅓ, ㅜ, ㅣ…
좋다 + –아요 → 좋**아요** 싸다 + –아요 → **싸요**	복잡하다 → 복잡**해요**	맛있다 + –어요 → 맛있**어요**

예) 학교**가** 좋**아요**.

오렌지**가** **싸요**.

길**이** 복잡**해요**.

음식**이** 맛있**어요**?

➕ 한국어의 형용사는 동사처럼 단독으로 주어를 서술한다.

In Korean, adjectives function directly as predicates.

➕ 형용사가 서술하는 명사는 그 문장의 주어이므로 주격 조사인 '이/가'와 함께 쓰인다.

The subject particle '이/가' attaches to nouns that are predicated by adjectives.

➕ 명사의 과거 상태를 나타내는 경우에는 '–았어요/었어요'를 사용한다.

When describing the past tense state of a noun, the form '–았어요/었어요' is used.

예) 어제 날씨**가** 좋**았어요**.

영화**가** 재미있**었어요**? – 네, 재미있**었어요**.

4. N도

p.152

어떤 것을 전제로 하고 그 위에 더함에 뜻을 나타낼 때 사용한다.

'도' is used to express 'also' or 'too'.

명사와 결합한다. '도' attaches to nouns.

받침 X	받침 O
저 + 도 → 저**도**	물 + 도 → 물**도**

예) 켈리 씨는 학생이에요. 저**도** 학생이에요.
메뉴 주세요. 물**도** 좀 주세요.
스티븐 씨는 한국어를 배워요. 줄리앙 씨**도** 한국어를 배워요.
어제 바지를 샀어요. 그리고 운동화**도** 샀어요.

'도'는 '은/는, 을/를'과 같은 조사와 함께 사용할 수 없다.

'도' replaces particles such as '은/는, 을/를' and cannot be used with them.

예) 저는도 학생이에요. (X) → 저**도** 학생이에요. (◯)
콜라를도 마셨어요. (X) → 콜라**도** 마셨어요. (◯)

주어나 목적어 이외의 기능을 할 때에는 다른 조사와 함께 사용할 수 있다.

When the noun attached to '도' functions as something other than the subject or object, '도' can be used with other particles.

예) 어제 백화점에 갔어요. 시장에**도** 갔어요.
도서관에서 책을 읽어요. 집에서**도** 책을 읽어요.

7과

1. 'ㅂ' 불규칙

p.169

'ㅂ' 받침으로 끝나는 형용사나 동사 중 일부는 모음으로 시작하는 어미와 결합할 때 받침 'ㅂ'이 '우'로 바뀐다. 'ㅂ' 불규칙 형용사는 '덥다, 춥다, 어렵다, 쉽다, 맵다, 무겁다, 가볍다' 등이 있다.

When some adjective or verb stems ending in the final consonant 'ㅂ' are followed by a vowel, 'ㅂ' changes into '우'. '덥다, 춥다, 어렵다, 쉽다, 맵다, 무겁다, and 가볍다' are examples of 'ㅂ' irregular adjectives.

	-아요/어요	-았어요/었어요	-고	-지만	-습니다/ㅂ니다
덥다	더워요	더웠어요	덥고	덥지만	덥습니다
춥다	추워요	추웠어요	춥고	춥지만	춥습니다
어렵다	어려워요	어려웠어요	어렵고	어렵지만	어렵습니다
쉽다	쉬워요	쉬웠어요	쉽고	쉽지만	쉽습니다
맵다	매워요	매웠어요	맵고	맵지만	맵습니다
무겁다	무거워요	무거웠어요	무겁고	무겁지만	무겁습니다
가볍다	가벼워요	가벼웠어요	가볍고	가볍지만	가볍습니다

예) 날씨가 아주 더**워**요.
오늘도 추**워**요? – 네, 추**워**요.
시험이 어려**워**요? – 아니요. 쉬**워**요.
어제 그 음식이 매**웠**어요? – 네, 조금 매**웠**어요.
스티븐 씨 가방은 아주 무거**웠**어요.

'ㅂ' 받침으로 끝나는 형용사나 동사 중에는 불규칙 활용을 하지 않는 것도 있다.

Not all adjective or verb stems ending in the final consonant 'ㅂ' are irregular. The regular 'ㅂ' adjective or verb stems do not change their forms.

예) 이 방은 아주 좁아요.
유진 씨는 코트를 입었어요.
제 손을 잡으세요.

2. A/V-지만

p.170

어떤 사실이나 내용을 먼저 말하고 이어서 그에 반대되는 사실이나 내용을 말할 때 사용한다.

'-지만' is used to connect two contrasting clauses.

형용사, 동사와 결합한다.

'-지만' is added to verb stems or adjective stems.

	받침 X	받침 O
형용사	비싸다 → 비싸**지만**	어렵다 → 어렵**지만**
동사	가다 → 가**지만**	먹다 → 먹**지만**

예) 서울식당은 비싸**지만** 맛있어요.
한국어 공부는 어렵**지만** 재미있어요.
오늘 저는 학교에 가**지만** 동생은 안 가요.
저는 김치를 먹**지만** 친구는 김치를 안 먹어요.

두 가지 사실을 대조할 때는 '은/는'을 쓴다.

'은/는' is attached to nouns in contrasting clauses.

예) 나나 씨 휴대폰이 비싸요. + 제 휴대폰이 싸요.
→ 나나 씨 휴대폰이 비싸지만 제 휴대폰이 싸요. (X)
나나 씨 휴대폰은 비싸**지만** 제 휴대폰은 싸요. (○)

선행절과 후행절의 주어가 동일한 경우 후행절의 주어는 생략한다.

When the subject is the same in both clauses, the subject in the second clause must be omitted.

예) 서울식당이 비싸요. + 서울식당이 맛있어요.
→ 서울식당은 비싸지만 서울식당은 맛있어요. (X)
서울식당은 비싸**지만** 맛있어요. (○)

과거의 사실을 말할 때는 'A/V-았지만/했지만/었지만'의 형태로 쓴다.

'-았지만/었지만' is used for the past tense.

예) 작년에는 사과가 비**쌌지만** 올해는 안 비싸요.
어제는 길이 복잡**했지만** 오늘은 안 복잡해요.
지난번 시험은 어려**웠지만** 이번 시험은 쉬워요.
학교에는 **갔지만** 도서관에는 안 갔어요.
어제는 운동을 **했지만** 오늘은 안 해요.
어제는 빵을 먹**었지만** 오늘은 밥을 먹었어요.

다음과 같이 쓰지 않도록 주의한다.

'-지만' should be used as follows.

예) 영어를 공부해지만 (X) → 영어를 공부**하**지만 (◯)
주스를 마셔지만 (X) → 주스를 마**시**지만 (◯)
텔레비전을 봐지만 (X) → 텔레비전을 **보**지만 (◯)

3. A/V-습니다/ㅂ니다

p.173

격식적인 상황에서 그 문장을 정중하게 끝맺을 때 사용한다.

'-습니다/ㅂ니다' is a formal-polite sentence ending used to make statements.

형용사, 동사와 결합한다.

'-습니다/ㅂ니다' attaches to adjective stems or verb stems.

	받침 X	받침 O
형용사	시원하다 + -ㅂ니다 → 시원**합니다**	맵다 + -습니다 → 맵**습니다**
동사	오다 + -ㅂ니다 → **옵니다**	먹다 + -습니다 → 먹**습니다**

예) 날씨가 시원**합니다**.
김치가 맵**습니다**.
영국 가수가 한국에 **옵니다**.
비빔밥을 먹**습니다**.

격식적인 상황에서 질문할 때는 '-습니까/ㅂ니까?'를 사용한다.

'-습니까/ㅂ니까?' is used when asking a question in a formal setting.

예) 어디에 **갑니까**? - 저는 부산에 **갑니다**.
무슨 책을 읽**습니까**?

4. A/V-고

p.174

선후 관계가 아닌 두 가지 사실이나 내용을 나열할 때 사용한다.

'-고' is used to connect two clauses, which are not necessarily sequential.

형용사, 동사와 결합한다.

'-고' is added to adjective stems or verb stems.

	받침 X	받침 O
형용사	싸다 + -고 → 싸**고**	춥다 + -고 → 춥**고**
동사	마시다 + -고 → 마시**고**	찍다 + -고 → 찍**고**

예) 사과가 싸**고** 맛있어요.
날씨가 춥**고** 눈이 옵니다.
마리코 씨는 커피숍에서 커피도 마시**고** 숙제도 합니다.
아키라 생일에 뭐 했어요? - 스티븐은 사진을 찍**고** 저는 요리를 했어요.

+ 선행절과 후행절의 주어가 동일한 경우 후행절의 주어는 생략한다.

When the subject of the two clauses is the same, the subject is omitted in the second clause.

예) 줄리앙 씨는 프랑스어를 가르쳐요. + 줄리앙 씨는 한국어를 공부해요.

→ 줄리앙 씨는 프랑스어를 가르치**고** 한국어를 공부해요.

+ 선행절과 후행절의 주어가 다른 경우에도 쓸 수 있다.

The subjects of two clauses can be different.

예) 민수 씨는 태권도를 좋아해요. + 스티븐 씨는 농구를 좋아해요.

→ 민수 씨는 태권도를 좋아하**고** 스티븐 씨는 농구를 좋아해요.

+ 선행절과 후행절이 바뀌어도 의미는 같다.

Switching the order of clauses does not necessarily change the meaning of the sentence.

예) 춥**고** 눈이 와요. = 눈이 오**고** 추워요.

+ 다음과 같이 쓰지 않도록 주의한다.

'-고' should be used as follows.

예) 숙제해고 (X) → 숙제하**고** (◯)

주스를 마셔고 (X) → 주스를 마시**고** (◯)

비가 와고 (X) → 비가 오**고** (◯)

+ 시간 선후 관계의 'V-고'(5과)와 나열의 'A/V-고'(7과)의 비교

Distinguishing 'A/V-고'(Unit7) from 'V-고'(Unit5)

시간 선후 관계의 'V-고'(5과)	나열의 'A/V-고'(7과)
① 시간적 선후 관계에 따라 순차적으로 나열할 때 사용한다. It is used to list two events in the order they occurred. 예) 어제 숙제하고 잤어요.	선후 관계가 아닌 사실이나 내용을 나열할 때 사용한다. It is used to connect two clauses, which are not necessarily sequential. 예) 요즘 한국어를 배우고 영어를 가르쳐요.
② 선행절과 후행절을 바꾸면 의미가 달라진다. Switching the order of clauses changes the meaning of the sentence. 예) 밥을 먹고 물을 마셔요. ≠ 물을 마시고 밥을 먹어요.	선행절과 후행절을 바꿀 수 있다. Switching the order of clauses does not change the meaning of the sentence. 예) 춥고 눈이 와요. = 눈이 오고 추워요.
③ 동사와 결합한다. It is added to only verb stems. 예) 공부하고 밥을 먹어요.	형용사, 동사와 모두 결합한다. It is added to either adjective stems or verb stems. 예) 사과가 싸고 맛있어요.

8과

1. V-(으)ㄹ까요?

p.189

정해지지 않은 어떤 일에 대해서 상대방의 의사를 묻거나 제안할 때 사용한다.

'-(으)ㄹ까요?' is used to make suggestions or ask the listener's permission or intention about a certain matter.

동사와 결합한다. '-(으)ㄹ까요?' is added to verb stems.

받침 X	받침 O
가다 + -ㄹ까요 → **갈까요?**	먹다 + -을까요 → **먹을까요?**

예) 노래방에 **갈까요**? – 네, 같이 가요.
여기에 앉**을까요**? – 네, 좋아요.
내일은 누굴 만**날까요**? – 우리 나나를 만나요.
뭘 먹**을까요**? – 비빔밥을 먹어요.

'–(으)ㄹ까요?'에 대한 대답으로 보통 '–아요/어요'를 사용하는데, 이때 '–아요/어요'는 청유의 의미를 나타낸다.
'–(으)ㄹ까요?' is usually answered using '–아요/어요' which functions as a proposition.

정우 : 나나 씨, 어디에 가요?
나나 : 도서관에 가요.

정우 : 나나 씨, 어디에 **갈까요**?
나나 : 도서관에 **가요**.

의미상의 주어는 '우리'가 된다.
The subject of the sentence is 'we', even though it is not stated.

예) (우리) 뭘 먹**을까요**?

격식적인 상황에는 '–(으)ㄹ까요?'에 대한 대답으로 '–(으)ㅂ시다'를 사용한다. 단 '–(으)ㅂ시다'는 윗사람에게 말할 때는 사용할 수 없다.
'–(으)ㄹ까요?' is also answered using '–(으)ㅂ시다' in formal setting. However, '–(으)ㅂ시다' should not be used to superiors.

예) 뭘 먹**을까요**?
– 비빔밥을 먹어요. = 비빔밥을 먹읍시다.

2. 'ㄷ' 불규칙

p.190

'ㄷ' 받침으로 끝나는 동사 중 일부는 모음으로 시작하는 어미와 결합할 때 받침 'ㄷ'이 'ㄹ'로 바뀐다. 'ㄷ' 불규칙 동사는 '듣다, 걷다' 등이 있다.
When some verb stems ending in the final consonant 'ㄷ' are followed by a vowel, 'ㄷ' changes into 'ㄹ'. '듣다, 걷다' are examples of 'ㄷ' irregular verbs.

	–아요/어요	–았어요/었어요	–(으)세요	–(으)ㄹ까요?	–고	–지만	–습니다/ㅂ니다
듣다	들어요	들었어요	들으세요	들을까요	듣고	듣지만	듣습니다
걷다	걸어요	걸었어요	걸으세요	걸을까요	걷고	걷지만	걷습니다

예) 어제 뭘 했어요? – 공원에서 **걸**었어요.
우리 버스를 탈까요? – 아니요, **걸**어서 가요.
한국 음악은 듣지만 한국 뉴스는 안 **들**어요.
라디오를 잘 **들**으세요.

'ㄷ' 받침으로 끝나는 동사 중에는 불규칙 활용을 하지 않는 것도 있다.
Not all verb stems ending in the final consonant 'ㄷ' are regular. Regular 'ㄷ' verb stems do not change their forms.

예) 제 선물을 받으세요.

3. 이[그, 저] N

p.192

명사 앞에 붙어서 그 명사를 구체적으로 가리킬 때 쓴다. '이'는 화자가 자신에게서 가까운 사물이나 사람을 가리킬 때 사용한다. '그'는 화자에게서는 멀고 청자에게는 가까운 사물이나 사람을 가리킬 때 사용한다. '저'는 화자와 청자 모두에게서 멀리 떨어진 사물이나 사람을 가리킬 때 사용한다.

'이, 그, 저' attach to nouns to indicate the location of nouns.
'이' is used to point out a thing or person that is close to the speaker.
'그' is used to point out a thing or person that is close to the listener.
'저' is used to point out a thing or person that is far from both the speaker and the lisener.

명사 앞에 쓴다. '이, 그, 저' are placed in front of nouns.

예) **이** 가방이 얼마예요? – **그** 가방은 3만 원이에요.
저 식당 음식이 맛있어요.
이 사람은 한국 가수예요.

'그'는 앞에서 이미 언급한 사물이나 사람, 또는 생각 속의 사물이나 사람을 가리킬 때도 사용한다.

'그' is also used to indicate a thing or person that is not in sight or was mentioned previously.

4. A/V–네요

p.193

새롭게 알게 된 사실이나 내용에 대해 감탄하거나 느낌을 표현할 때 쓴다.

'–네요' is used to express feeling or surprise about a fact that speaker has come to know.

형용사나 동사와 결합한다.

'–네요' attaches to adjective stems or verb stems.

	받침 X	받침 O
형용사	싸다 + –네요 → 싸**네요**	덥다 + –네요 → 덥**네요**
동사	오다 + –네요 → 오**네요**	먹다 + –네요 → 먹**네요**

예) 모자가 한 개에 2,000원이에요. – 싸**네요**.
더워요? – 네, 조금 덥**네요**.
음식이 어때요? – 정말 맛있**네요**.
비가 많이 오**네요**.
스티븐 씨는 빵을 많이 먹**네요**.

+ 새롭게 알게 된 사실이 과거의 일이거나 이미 완료된 사건인 경우 '-았네요/었네요'를 쓴다.

'-았네요/었네요' is used for facts of the past or events that have already occurred.

예) 눈이 **왔네요**. (눈이 그친 후에 눈이 온 사실을 알게 된 경우, Realizing that it has snowed after it has stopped snowing)
줄리앙 씨, 어렸을 때는 키가 작**았네요**. (사진을 보고 과거의 사실을 알게 된 경우, Realizing a fact about the past after looking at a picture)

+ 'A-군요', 'V-는군요'도 새롭게 알게 된 사실에 대해 감탄해서 말할 때 쓰지만 'A/V-네요'가 좀 더 부드러운 느낌을 준다.

'A-군요', 'V-는군요' is also used to express surprise or astonishment about a newly informed fact, but 'A/V-네요' gives a more gentle and natural feeling.

	받침 X	받침 O
형용사	싸다 + -군요 → 싸**군요**	덥다 + -군요 → 덥**군요**
동사	오다 + -는군요 → 오**는군요**	먹다 + -는군요 → 먹**는군요**

예) 모자가 한 개에 2,000원이에요. - 싸**군요**.
더워요? - 네, 조금 덥**군요**.
비가 많이 오**는군요**.
스티븐 씨는 빵을 많이 먹**는군요**.

+ '-네요'는 새롭게 알게 된 사실에 대해 화자의 감탄이나 느낌을 표현하는 것이므로, 어떤 사실을 다른 사람에게 들어서 알게 된 경우 그 내용을 그대로 받아 말할 수 없고, 들은 내용에 대한 화자 자신의 느낌이나 판단이 드러나야 한다.

Since '-네요' expresses the surprise or feeling of the speaker, this ending cannot be used to express something heard from others. The sentence using '-네요' should indicate the speaker's own feeling or judgement.

예) 그 시장은 옷 한 벌에 3,000원이에요. - 정말 싸**네요**. (○)
- 3,000원이네요. (X)
어제 커피를 다섯 잔 마셨어요. - 많이 마셨**네요**. (○)
- 다섯 잔 마셨네요. (X)

문화 해설 Culture Extension

1과 인사법 Greeting etiquette in Korea

p.66

Q 한국에서는 어떻게 인사를 합니까?

What is the greeting etiquette in Korea?

A 한국에서는 공손하게 허리를 숙이며 인사말을 건네는 것이 올바른 인사 예절입니다. 특히 나이가 많거나 지위가 높은 손윗사람을 대할 때는 반드시 허리를 숙여 인사하는 것이 좋습니다. 허리를 숙이는 대신 악수를 하는 경우에도, 상대가 손윗사람인 경우에는 한 손으로 다른 한 손을 받쳐 두 손을 모두 쓰는 것이 예의입니다.

In Korea, it is customary to bow from a waist when greeting someone verbally, especially when greeting someone older or of higher social status. When shaking hands with someone senior in age or position, it is polite to use both hands.

Q 한국 사람의 이름은 어떻게 부르는 것이 좋습니까?

What is the proper way to address a Korean person?

A 한국에서는 상대방의 이름을 부를 때 흔히 '씨'를 사용합니다. 그런데 한국 사람의 이름을 부를 때에는 '씨'와 함께 성과 이름을 모두 말하거나 이름만을 말하는 것은 괜찮지만, 성만을 말하는 것은 전혀 존대의 의미를 갖지 않으므로 주의해야 합니다.

When addressing a person in Korea, '씨' is often used after a full name or first name. Using '씨' after only the last name can sound disrespectful.

Q 한국에서는 왜 '○○ 씨는 ~'이라는 말을 많이 씁니까?

Why do Koreans frequently use '○○ 씨는 ~' when they address someone in the second person?

A 한국어에는 영어의 'you', 독일어의 'Sie' 등에 해당하는 존칭의 2인칭 대명사가 없습니다. 물론 '너'라는 말이 있지만 이것은 친구 사이 혹은 나이가 어린 사람을 가리킬 때만 사용하기 때문에 존칭을 써야 할 상대방을 가리킬 때는 이름과 함께 '씨'를 사용하는 것입니다.

In the Korean language, there is no honorific form of second-person pronoun such as 'you' in English or 'Sie' in German. '너' is only used with one's friends or with someone who is younger than the speaker. Therefore, when addressing one's senior, their name and '씨' should be used together.

2과 한국에만 있는 물건 Special Items in Korea

p.86

Q 효자손은 왜 이름이 효자손입니까?

Why is it called 효자손?

A 효자손은 등이 가려운 노인들이 혼자 긁을 수 없을 때 효자의 역할을 대신한다고 하여 효자손이라는 이름이 붙었습니다. 대나무 끝이 손가락처럼 구부러져 있어서 손이 미치지 않는 곳까지 시원하게 긁을 수 있습니다.

In Korea, a wooden back scratcher is called '효자손' meaning 'the hand of a good son'. Koreans named it this because finger-like curved edges of the bamboo stick help extend one's reach to relieve an itchy back.

Q 죽부인은 왜 여름에 사용합니까?

Why do people use a '죽부인' in the summer?

A 죽부인은 대나무로 만든 부인이라는 뜻으로, 사람의 키만큼 길고 누워서 안고 자기에 알맞은 원통형입니다. 속이 비어 있어 공기가 잘 통하고, 대나무의 표면에서 느끼는 차가운 감촉 때문에, 여름에 안고 자면 더위를 한결 덜 수 있습니다.

Jukbuin means 'a wife made of bamboo'. This is a long, round body-length hollow bamboo pillow. Air flowing through the open structure and the cool touch of bamboo makes it ideal as a sleeping companion to relieve the summer heat.

3과 한국의 방 문화 Rooms in Korea p.104

Q 왜 한국에서는 집 밖의 상업적인 공간도 노래방, 찜질방처럼 '방'이라고 부릅니까?

Why do Koreans use the term 'room' for commercial places such as '노래방' or '찜질방'?

A 예부터 한국의 방은 서양과는 달리 먹고, 자고, 손님을 맞이하고, 집안일을 의논하는 등 다목적으로 사용되는 공간이었습니다. 그래서 한국 사람들은 방을 사적인 공간이라기보다는 다양한 목적으로 사용할 수 있는 공간으로 여기기 때문에 외부의 공적, 상업적인 공간에 '방'이라는 이름을 붙여도 어색하게 느끼지 않는 것입니다. 또한 '방'이라고 하면 사람들이 그 장소를 더 친근하게 느낀다는 점도 또 다른 이유가 될 수 있겠습니다. 노래방, PC방, 찜질방은 이러한 한국의 특별한 방 문화의 대표 주자들로서 한국 사람들뿐 아니라 외국인들에게도 많은 사랑을 받고 있습니다.

Traditionally, the Korean concept of the 'room,' unlike that of western cultures, has been associated with many different functions such as sleeping, eating, greeting guests, and dealing with family affairs. Therefore, Korean people have long considered the 'room' a multi-purpose space rather than a private one, and attaching the word 'room' to the name of a public or commercial facility is considered natural. Furthermore, adding the word 'room' to a name gives it a friendly feel. Representative of this concept are karaoke rooms, PC rooms, and sauna rooms, favored by Korean people as well as foreign visitors.

4과 인사동 Insa-dong p.122

Q 인사동은 어떤 곳입니까?

What is Insa-dong like?

A 인사동은 서울에서 한국의 전통문화를 느낄 수 있는 곳으로 널리 알려져 있습니다. 때문에 외국인들이 서울에서 가 보고 싶은 곳 1위로 꼽는 곳입니다. 골목마다 화랑, 전통 공예점, 전통 찻집, 전통 음식점 등이 자리를 잡고 있어 다양한 한국 문화를 직접 체험할 수 있을 뿐만 아니라 여러 가지 테마 카페와 독특한 가게들 덕분에 한국 젊은이들 사이에서도 인기가 있습니다.

Insa-dong is well known as a place where people can feel the atmosphere of Korean traditional culture. For this reason, it was voted as the No.1 place that foreigners want to visit. Foreigners can experience Korean culture in this area where art galleries, traditional artcraft shops, traditional tea houses, traditional restaurants can be found in every alley. Various themed cafés and unique stores in Insa-dong also attract young Korean people.

Q 인사동에는 어떻게 갑니까?

How does one get to Insa-dong?

A 지하철 3호선을 타고 안국역에서 내려 6번 출구로 나오면 쉽게 인사동을 찾을 수 있습니다.

Insa-dong is easily accessed by public transportation. Take subway line No.3. Get off at Anguk station. Then, it is a two minute walk from exit #6.

5과 명절 Traditional holidays in Korea

p.140

Q 한국 달력에는 큰 글씨의 숫자와 작은 글씨의 숫자가 함께 쓰여 있는데, 이것은 무엇입니까?

Some Korean calendars contain numbers in large print as well as numbers in smaller print. What are they?

A 큰 글씨의 숫자는 양력을 나타내고 작은 글씨의 숫자는 음력을 나타냅니다. 양력은 지구가 태양을 한 바퀴 도는 데 걸리는 시간을 1년으로 정한 날짜 계산법이고, 음력은 달이 지구를 한 바퀴 도는 데 걸리는 시간을 기준으로 하여 만든 날짜 계산법입니다. 한국에서는 전통적으로 음력을 사용하다가 20세기 이후 양력을 주로 사용하게 되었습니다.

Because Koreans use the solar and the lunar calendar system together, a large prints represent the solar calender system and smaller prints represent the lunar calendar system. The solar calendar is a dating system based on the time that it takes the Earth to revolve once around the Sun. The lunar calendar is a dating system based on the cycles and phases of the Moon. Traditionally, Koreans have used the lunar calendar. But the solar calendar began to be widely used since 20th century.

Q 한국의 대표적인 공휴일은 무엇입니까?

What are the major holidays in Korea?

A 한국에는 양력을 기준으로 하는 공휴일과 음력을 기준으로 하는 공휴일이 있습니다. 그중에서 대표적인 공휴일인 설날과 추석은 음력을 기준으로 하는데, 각각 음력 1월 1일과 음력 8월 15일입니다. 새해 첫날을 기념하는 설날에는 아침 일찍 일어나서 어른들께 세배를 드리고 떡국을 먹습니다. 서양의 추수감사절에 해당하는 추석에는 그 해에 추수한 쌀과 과일로 조상들에게 차례를 지내고 송편을 먹는 전통이 있습니다.

There are two different types of holidays in Korea. One type is based on the solar calendar and the other is based on the lunar calendar. The lunar calendar is used for the observance of traditional holidays such as Seollal and Chuseok. Seollal is the first day of the first month of the lunar calendar, and Chuseok is the 15th day of the 8th month of the lunar calendar. To celebrate a new year, people get up early on the morning of Seollal and bow to their elders. Rice-cake soup, tteokguk, is served for breakfast. Chuseok is equivalent to the Western holiday Thanksgiving, and offers an ancestral service with newly harvested crops and fruit. People also serve and eat half-moon shaped rice-cakes called songpyeon.

6과 김치 Kimchi p.161

Q 김치는 어떻게 만듭니까?

How do you make kimchi?

A 1. 배추를 소금물에 넣고 절이세요.

2. 배추를 절이는 동안 김치 양념을 준비하세요.

   1) 무를 잘게 채 써세요.

   2) 고춧가루, 설탕, 소금, 마늘, 액젓 등을 함께 섞은 후 썰어 놓은 무에 넣고 버무리세요.

3. 절인 배추의 물기를 뺀 후 배춧잎 사이마다 김치 양념을 고루 펴 바르세요.

4. 항아리 등 저장 용기에 배추 한 포기씩 차곡차곡 담으세요.

5. 김치가 익을 때까지 며칠 기다리세요.

1. Soak cabbage in brine.
2. Prepare seasoning while the cabbage sits.
   1) Shred the radish.
   2) Mix together the chili pepper powder, sugar, salt, garlic and fish sauce and then add it to the shredded radish.
3. Drain the cabbage well. Then coat the seasoned mixture between every layer of cabbage leaf thoroughly.
4. Stack up the bundles in 'hangari' or kimchi jar tightly.
5. Allow kimchi to sit for a few days, until ready to serve.

7과 계절 음식 Seasonal food in Korea p.181

Q 왜 한국 사람들은 더운 여름에 삼계탕처럼 뜨거운 음식을 먹습니까?

Why do Korean people eat hot foods such as Samgyetang in the heat of summer?

A 한의학에 의하면 날씨가 더우면 우리 몸의 표면은 뜨거워지지만 체내의 열은 내려간다고 합니다. 그래서 덥다고 찬 음식을 많이 먹으면 체내의 열이 너무 내려가 배탈이 나기 쉽습니다. 이 때문에 예부터 한국에서는 여름에 체내의 열을 다시 올려 주기 위해 삼계탕 같은 뜨거운 음식을 먹었습니다. 반대로 겨울에는 날씨가 추워서 우리 몸의 외부 열은 내려가는 대신 체내의 열은 올라가게 됩니다. 그래서 옛날 한국 사람들은 한겨울에 얼음을 띄운 냉면을 만들어 먹어 체내의 열을 내리고자 했습니다. 지금은 여름에도 냉면을 많이 먹지만, 냉면은 여전히 겨울 별미 음식으로 인기가 높습니다.

According to traditional oriental medicine, when the weather is hot, even though our body surface becomes hot, the inner body temperature actually goes down. Therefore, eating a lot of cold foods causes the inner body temperature to drop excessively, and sometimes causes stomach discomfort. For this reason, traditionally in Korea, in order to raise their body temperature in the summer, people have eaten hot foods such as Samgyetang. In contrast, during the winter, the body surface temperature goes down, but the inner body temperature goes up. Therefore, traditionally people ate Naengmyeon with ice, in order to bring down their body temperature. Naengmyeon is still a popular food in the summer, but it also remains favored by many in the winter time.

8과 이성 친구를 만나는 방법 How to find a boyfriend / girlfriend p.201

Q 한국 사람들은 보통 이성 친구를 어떻게 만납니까?

How do Korean people usually meet a boyfriend / girlfriend?

A 다른 나라 사람들과 마찬가지로 한국 사람들도 학교나 회사 등에서 자연스럽게 어울리다가 이성 친구를 만나기도 하지만, 이성과의 만남 자체를 목적으로 하는 미팅이나 소개팅을 통해 만나는 경우도 많습니다. 남녀가 집단으로 만나는 경우를 미팅이라고 하고, 일대일로 만나는 경우를 소개팅이라고 합니다.

As in other countries, Koreans meet opposite-sex friends in natural settings, such as schools or workplaces, but also largely through blind dates such as Sogaeting or Meeting. Sogaeting is an arranged blind date whose express purpose is to facilitate meetings on a one-on-one basis. Meeting is an arranged blind date in which men and women gather in a group setting.

Q 소개팅과 선은 어떻게 다릅니까?

How is Sogaeting different from Seon?

A 둘 다 남녀가 일대일로 만난다는 것은 같지만, 소개팅은 단순히 이성 친구를 만나려는 목적을 갖는 반면에 선은 결혼을 전제로 하고 만난다는 점이 다릅니다. 또한 소개팅은 친구나 가까운 지인들이 소개를 하는 데 반해, 선은 친척을 비롯한 웃어른들이 결혼하려는 당사자들을 소개합니다.

Even though, in both cases, a man and a woman meet on a one-on-one basis, Sogaeting is held simply to meet an opposite-sex friend, whereas Seon is a meeting with the purpose of finding a spouse. Furthermore, in Sogaeting, people are introduced by mutual friends or close acquaintances, whereas Seon is set up by relatives or someone senior exclusively for the purpose of finding a marriage partner.

듣기 지문 Listening Scripts

한글 배우기

한글 1

1. 모음 (1) _연습 1 track 02 p.31
   아, 어, 오, 우, 으, 이
2. 자음 (1) _연습 1 track 03 p.33
   가, 나, 다, 라, 마, 바, 사, 아, 자, 하

한글 2

1. 모음 (2) _연습 1 track 04 p.36
   야, 여, 요, 유
2. 자음 (2) _연습 1 track 05 p.38
   카, 타, 파, 차
3. 자음 (3) _연습 1 track 06 p.40
   까, 따, 빠, 싸, 짜
4. 한글 (2) _종합연습 track 07 p.42
   여자, 우유, 커피, 파리, 치마, 코끼리, 아빠, 아저씨

한글 3

1. 모음 (3) _연습 1 track 08 p.43
   애, 에, 얘, 예, 와, 워, 왜, 웨, 외, 위, 의
2. 받침 _연습 1 track 09 p.46
   벽, 부엌, 밖, 눈, 곧, 밑, 옷, 낮, 꽃, 히읗, 달, 곰, 집, 잎, 방

1과 듣고 말하기

듣기 1 track 16 p.61

1) 남 유진 씨, 미국 사람이에요?
   여 네, 미국 사람이에요.
2) 여 마이클 씨는 미국 사람입니까?
   남 아니요, 영국 사람입니다.
3) 남 나나 씨, 어느 나라 사람이에요?
   여 저는 중국 사람이에요.
4) 여 아키라 씨는 일본 사람입니까?
   남 네, 일본 사람입니다.

듣기 2 track 17 p.62

여 안녕하세요? 김준석 씨?
남 아니요, 저는 김준석이 아닙니다.
저는 김민수입니다.
⋮
여 안녕하세요? 김준석 씨입니까?
남 네, 김준석입니다.
여 저는 니콜 존스입니다. 만나서 반갑습니다.
남 네, 반갑습니다.
여 제 명함입니다.
남 아, 네. 아, 선생님입니까?
여 네, 영어 선생님입니다.
남 니콜 씨는 미국 사람입니까?
여 아니요. 미국 사람이 아닙니다.
캐나다 사람입니다.

2과 듣고 말하기

듣기 1 track 26 p.80

1) 남 이거는 모자예요?
   여 네, 그거는 모자예요.
2) 여 저거는 한국어로 뭐예요?
   남 책상이에요.
3) 여 이거는 한국어로 뭐예요?
   남 이거는 의자예요.
4) 남 저거는 텔레비전이에요?
   여 아니요, 저거는 텔레비전이 아니에요.
   컴퓨터예요.

듣기 2 track 27 p.81

여 어서 오세요.
남 한국어 사전 있어요?
여 네, 있어요.
남 전자사전이에요?
여 네, 전자사전이에요.
남 그럼 그거 주세요.
여 여기 있어요.
남 음, 잡지 있어요?
여 네, 한국 잡지하고 미국 잡지가 있어요.
남 일본 잡지는 없어요?
여 네, 없어요.

3과 듣고 말하기

듣기 1
track 36 p.99

1) **여** 스티븐 씨, 지금 뭐 해요?
   남 책을 읽어요.
2) **남** 나나 씨, 오늘 뭐 해요?
   여 친구를 만나요.
3) **여** 아키라 씨, 지금 일 해요?
   남 아니요, 일 안 해요. 운동해요.
4) **남** 유진 씨, 집에서 뭐 해요?
   여 텔레비전을 봐요.

듣기 2
track 37 p.100

남 마리코 씨, 지금 뭐 해요?
여 커피숍에서 커피를 마셔요.
남 지금 친구를 만나요?
여 아니요, 친구를 안 만나요. 책을 읽어요.
줄리앙 씨는 지금 뭐 해요?
남 식당에서 밥을 먹어요.
여 그리고 오늘 뭐 해요?
남 아르바이트해요. 프랑스어를 가르쳐요.
여 어디에서 가르쳐요?
남 학생 집에서 가르쳐요.

4과 듣고 말하기

듣기 1
track 46 p.117

여 아키라 씨, 오늘 뭐 해요?
남 공항에 가요. 여자 친구가 한국에 와요.
여 여자 친구는 어디에 있어요?
남 일본에 있어요. 은행에서 일해요.
나나 씨는 오늘 뭐 해요?
여 저는 중국 대사관에 가요.
남 중국 대사관이 어디에 있어요?
여 중앙우체국 알아요?
중앙우체국 뒤에 있어요.

듣기 2
track 47 p.118

남 여보! 우산이 어디에 있어요?
여 창문 아래에 있어요.

남 휴대폰은 어디에 있어요?
여 가방 안에 있어요.
남 음, 가방 안에 없어요.
여 아! 책상 위에 있어요.

남 안경은 어디에 있어요?
여 휴대폰 옆에 없어요?
남 없어요.
여 아! 텔레비전 위에 있어요.
남 고마워요.

남 냉장고 안에 맥주가 있어요?
여 아니요, 없어요.

5과 듣고 말하기

듣기 1
track 56 p.135

1) **여** 오늘이 며칠이에요?
   남 유월 팔 일이에요.
2) **남** 오늘이 며칠이에요?
   여 구월 오 일이에요.
3) **여** 생일이 며칠이에요?
   남 칠월 십육 일이에요.
4) **남** 나나 씨, 생일이 언제예요?
   여 시월 이십삼 일이에요.
5) **여** 아키라 씨, 언제 일본에 가요?
   남 이월 이십칠 일에 가요.
6) **여** 줄리앙 씨, 언제 한국에 왔어요?
   남 십이월 삼십일 일에 왔어요.

듣기 2
track 57 p.136

여1 지연 씨, 주말에 뭐 했어요?
여2 집에 있었어요. 마리코 씨는 뭐 했어요?
여1 친구 집에 갔어요.
친구하고 한국어를 공부했어요.
여2 시험이 있어요?
여1 네, 수요일에 시험이 있어요.
여2 시험이 끝나고 뭐 해요?
여1 친구하고 같이 일본에 가요.
여2 아, 네. 한국에 언제 와요?
여1 삼십 일에 와요.

6과 듣고 말하기

듣기 1
track 66 p.155

1) **남** 이 케이크는 하나에 얼마예요?
여 오천사백 원입니다.

2) **여** 여기요. 샌드위치 있어요?
남 네, 있어요.
여 얼마예요?
남 이천칠백 원입니다.

3) **여** 아이스커피 주세요. 얼마예요?
남 삼천팔백 원입니다.
여 사천팔백 원요?
남 아니요. 삼천팔백 원요.

4) **남** 여기요! 에스프레소 있어요?
여 네, 있어요.
남 얼마예요?
여 한 잔에 삼천이백 원입니다.
남 맛있어요?
여 네, 정말 맛있어요.

듣기 2
track 67 p.156

남 켈리 씨, 지금 도서관에 가요?
여 아니요. 학생 식당에 가요.
줄리앙 씨는 점심 먹었어요?
남 네. 학생 식당에서 먹었어요.
여 오늘 메뉴가 뭐예요?
남 A메뉴는 비빔밥이고 B메뉴는 돈가스예요.
여 줄리앙 씨는 뭘 먹었어요?
남 저는 한국 음식을 좋아해요. 그래서 비빔밥을 먹었어요.
여 비빔밥이 얼마예요?
남 이천오백 원이에요. 비빔밥이 싸고 맛있어요.

7과 듣고 말하기

듣기 1
track 76 p.176

1) **남** 오늘은 날씨가 어떻습니까?
여 덥습니다.

2) **여** 중국은 오늘 날씨가 어때요?
남 흐리고 추워요.

3) **여** 미국은 날씨가 어떻습니까?
남 비가 옵니다.

4) **여** 프랑스에도 비가 와요?
남 아니요, 안 와요. 맑고 따뜻해요.

듣기 2
track 77 p.177

남 나나 씨, 주말에 뭐 했어요?
여 친구하고 같이 부산에 갔어요.
남 부산에서 뭐 했어요?
여 토요일에는 부산 시장을 구경하고,
일요일에는 바다에 갔어요.
아주 재미있었어요.
남 음식은 어땠어요?
여 생선이 싸고 아주 맛있었어요.
남 그래요? 날씨는 좋았어요?
여 토요일에는 조금 더웠지만 일요일에는 날씨가 아주 좋았어요.

8과 듣고 말하기

듣기 1
track 86 p.196

1) **여** 스티븐 씨, 오후에 테니스 칠까요?
남 네, 좋아요.

2) **남** 나나 씨, 주말에 같이 스케이트 탈까요?
여 네. 언제 만날까요?

3) **남1** 민수 씨, 토요일에 같이 축구 할까요?
남2 미안해요.
이번 토요일에는 등산을 가요. 다음에 해요.

4) **남** 유진 씨, 지금 시간 있어요?
같이 게임 할까요?
여 미안하지만 저는 게임을 안 좋아해요.
남 그럼 산책할까요?
여 네, 그래요.

듣기 2
track 87 p.197

남 이 음악 정말 좋네요.
여 네, 그래요. 줄리앙 씨, 음악 좋아해요?
남 그럼요. 저는 매일 음악을 들어요.
그리고 주말에는 기타도 치고 노래방에도 가요.
여 저도 노래방을 좋아해요.
남 켈리 씨, 그럼 이번 주말에 같이 노래방 갈까요?
여 네, 좋아요.
남 토요일에 갈까요, 일요일에 갈까요?
여 토요일에는 정우 씨하고 한강공원에 가요.
남 그래요? 그럼 일요일에 만나요.

모범 답안 Answer Key

1과

듣고 말하기 p.61, 62

1. 1) ② 2) ③ 3) ④ 4) ①
2. ①

읽고 쓰기 p.63

1. ③ 2. ②

2과

듣고 말하기 p.80, 81

1. 1) ② 2) ③ 3) ① 4) ④
2. 1) ① 2) ②, ③

읽고 쓰기 p.83

1. ①, ②, ⑤ 2. ①

3과

듣고 말하기 p.99, 100

1. 1) ② 2) ③ 3) ① 4) ⑤
2. 1) ③ 2) ①

읽고 쓰기 p.101

1. ① 2. ①

4과

듣고 말하기 p.117, 118

1. 1) ② 2) ③
2.

읽고 쓰기 p.119

1. ① 2. ①, ③

5과

듣고 말하기 p.135, 136

1. 1) 6월 8일 2) 9월 5일 3) 7월 16일 4) 10월 23일 5) 2월 27일 6) 12월 31일
2. 1) ② 2) ②, ③

읽고 쓰기 p.137

1. ②, ④, ⑤ 2. ① 3. ③

6과

듣고 말하기 p.155, 156

1. 1) 5,400 2) 2,700 3) 3,800 4) 3,200
2. 1) ③ 2) ① 3) ②

읽고 쓰기 p.158

1. ③ 2. ③

7과

듣고 말하기 p.176, 177

1. 1) ① 2) ① 3) ② 4) ②
2. 1) ③ 2) ③

읽고 쓰기 p.178

1. ②, ③ 2. ①, ②

8과

듣고 말하기 p.196, 197

1. 1) ② 2) ④ 3) ③ 4) ⑤
2. 1) ① 2) ②

읽고 쓰기 p.198

1. ①, ② 2. ②

어휘 색인 Glossary

ㄱ

가게	store	110
가깝다	to be close	191
가르치다	to teach	100
가방	bag	72
가볍다	to be light	168
가수	singer	54
가을	autumn	168
갈비탕	beef-rib soup	146
같이	together	131
거기	there	134
걷다	to walk	190
걸어서 가다	to go on foot	190
게임을 하다	to play a game	188
겨울	winter	168
계절	season	168
고기	meat	97
고향	hometown	175
골프를 치다	to play golf	188
공부하다	to study	92
공원	park	92
공책	notebook	72
공항	airport	110
과자	snack food	154
관악산	a mountain in Seoul	191
교실	classroom	112
교통카드	transportation card	78
구	nine	128
구경하다	to sightsee	113
국적	nationality	65
군인	military personnel	54
권	unit noun for books	158
귤	mandarin orange	146
그	that	119
그래서	so / therefore	137
그래요	okay	194
그래요?	really?	150
그런데	by the way	191
그럼	then	98
그리고	and	95
그림	picture / painting	122
극장	theater	92
금요일	Friday	128
급	level	158
기념품	souvenir	122
기다리다	to wait	148
기숙사	dormitory	119
기자	reporter	54
기타를 치다	to play the guitar	188
길	road	151
김밥	seaweed-wrapped roll	146
김치	kimchi	146
김치볶음밥	kimchi fried rice	161
김치전	kimchi pancake	161
김치찌개	kimchi stew	146
깍두기	sliced radish kimchi	161
깎아 주다	to give discounts	160
깨끗하다	to be clean	158
꽃	flower	175
끝나다	to be finished	136

ㄴ

나라	country	57
날씨	weather	169
남산	a mountain in Seoul	111
남자 친구	boyfriend	73
낮잠을 자다	to take a nap	188
내일	tomorrow	137
냉면	cold noodles	146
냉장고	refrigerator	83
네	yes	56
넷	four	146
노래	song	151
노래방	Korean singing room	104

노래방에 가다	to go to a singing room	188
농구를 하다	to play basketball	188
누구	who	134
눈사람	snowman	178
눈이 오다	to snow	168
뉴스	news	190
뉴욕	New York	175

ㄷ

다섯	five	146
다음	next	194
단풍	autumn foliage	175
달걀	egg	154
당구를 치다	to play billiards	188
대사관	embassy	110
대학로	an attraction in Seoul	111
덥다	to be hot	168
도서관	library	92
도쿄	Tokyo	171
독일 – 독일 사람	Germany - German	54
돈가스	pork cutlet	156
동생	younger sibling	170
동전	coin	73
둘	two	146
뒤	back	110
드라마	TV drama	97
듣다	to listen	190
들	pluralizing suffix	181
등산(을) 하다	to climb a mountain	188
따뜻하다	to be warm	168
딸기	strawberry	79, 146
떡국	rice-cake soup	140
떡볶이	rice cakes in hot sauce	170
또	again	153

ㄹ

라디오	radio	190
라면	ramen / instant noodles	146
러시아	Russia	60
런던	London	171
룸메이트	roommate	83
리모컨	remote control	158

ㅁ

마시다	to drink	94
만나다	to meet	95
만 원	10,000 won	146
만들다	to make	178
많다	to be a lot	193
많이	a lot	158
맑다	to be clear	168
맛있다	to be delicious	151
망고	mango	180
매일	every day	119
맥주	beer	149
맵다	to be spicy	168
먹다	to eat	94
메뉴	menu	149
멜론	melon	153
며칠	what date	129
명동	a district in Seoul	111
명함	name card	62
몇	how many	148
모두	all	153
모스크바	Moscow	171
모자	hat	72
목요일	Thursday	128
무겁다	to be heavy	168
무슨	what	129
무엇	what	60
물	water	78
물건	thing	158
물김치	water kimchi	161
뭐	what	74
미국 – 미국 사람	America - American	54
미안하다	to be sorry	131
미용실	hair salon	110

수영장	swimming pool	175
수영하다	to swim	180
수요일	Wednesday	128
숙제를 하다	to do homework	92
쉬는 시간	break time	174
쉬다	to take a rest	93
쉽다	to be easy	168
스케이트를 타다	to skate	188
스케줄	schedule	139
스키를 타다	to ski	188
스키장	ski resort	175
스파게티	spaghetti	146
스포츠 센터	sports center	98
슬리퍼	slippers	180
시간	time	131
시계	watch / clock	72
시내	downtown	113
시원하다	to be refreshing	168
시장	market	92
시청	city hall	191
시험	test	129
식당	restaurant	92
식혜	sweet rice drink	194
신문	newspaper	72
심심하다	to be bored	191
십	ten	128
십 원	10 won	146
싱가포르	Singapore	171
싸다	to be cheap	151
씨	Mr. / Mrs. / Miss	56

ㅇ

아니요	no	59
아래	under	110
아르바이트하다	to work part-time	95
아리랑	Korean folksong	151
아버지	father	119
아이스커피	iced coffee	155
아이스크림	ice cream	148
아저씨	middle-aged man	153
아주	very	158
아홉	nine	146
안	inside	110
안경	glasses	72
안녕하세요	hello	55
안녕하십니까	hello (in a formal setting)	63
안녕히 가세요	goodbye	55
안녕히 계세요	goodbye	55
앉다	to sit down	147
알다	to know	116
앞	front	110
약국	pharmacy	110
약속	appointment	131
양력	solar calendar	140
어느	which	57
어디	where	96
어때요?	how is it?	169
어떻게	how	191
어떻다	to be how	173
어렵다	to be difficult	168
어머니	mother	119
어서 오세요	come in	79
어제	yesterday	132
언어교육원	Language Education Institute	101
언제	when	129
얼마	how much	146
에	per	153
에서	from	178
에스프레소	espresso	155
에어컨	air conditioner	84
여기 있어요	here you are	77
여기요	excuse me (when calling attention)	150
여덟	eight	146
여러분	everyone	60
여름	summer	168

ㅈ

ㅊ

ㅋ

ㅌ

ㅍ

ㅎ

집필 Authors

최은규 Choi Eunkyu

서울대학교 국어국문학과 박사
Seoul National University, Ph.D. in Korean Language and Literature

서울대학교 언어교육원 한국어교육센터 대우부교수
Seoul National University, LEI Associate Professor

진문이 Jin Moon-e

이화여자대학교 국어국문학과 박사 과정 수료
Ewha Womans University, Ph.D. Candidate in Korean Language and Literature

서울대학교 언어교육원 한국어교육센터 대우전임강사
Seoul National University, LEI Full-time Instructor

오은영 Oh Eunyoung

서울대학교 교육학과 박사
Seoul National University, Ph.D. in Education

전 서울대학교 언어교육원 한국어교육센터 대우전임강사
Seoul National University, former LEI Full-time Instructor

송지현 Song Gihyun

이화여자대학교 한국학과(한국어 교육 전공) 석사
Ewha Womans University, M.A. in Korean Studies(Teaching Korean as a Foreign Language)

서울대학교 언어교육원 한국어교육센터 대우전임강사
Seoul National University, LEI Full-time Instructor

번역 Translator

이소영 Lee Soyoung

이화여자대학교 교육공학과 박사
Ewha Womans University, Ph.D. in the Department of Educational Technology

서울대학교 언어교육원 한국어교육센터 대우전임강사
Seoul National University, LEI Full-time Instructor

번역 감수 Translation Editor

로버트 카루바 Robert Carrubba

서강대학교 국어국문학과 석사
Sogang University, M.A. in Korean Language and Literature

한국어 교육자 및 번역가
Korean Language Educator and Translator